AF346908

# HISTOIRE

## DE TRES-NOBLE
## ET CHEVALEUREUX PRINCE

# GERARD,

## COMTE DE NEVERS
## ET DE RETHEL,
### ET DE LA
### TRES-VERTUEUSE ET SAGE PRINCESSE
## EURIANT DE SAVOYE
### SA MYE.

*Ouvrage enrichy de nottes critiques*
*& historiques.*

## A PARIS,

Chez Sebastien RAVENEL, à l'entrée du Quay
des Augustins, au Phenix.

*Avec Approbation & Privilege du Roy.*

8° B L. 17 280 (Reserve)

# HISTOIRE

DE TRÈS-NOBLE
ET CHEVALEREUX PRINCE

## GERARD

COMTE DE NEVERS
ET DE RETHEL,

ET DE LA

TRÈS-VERTUEUSE ET SAGE PRINCESSE

EURIANT DE SAVOYE

SA MYE.

Ouvrage enrichi de notes & figures
& historique.

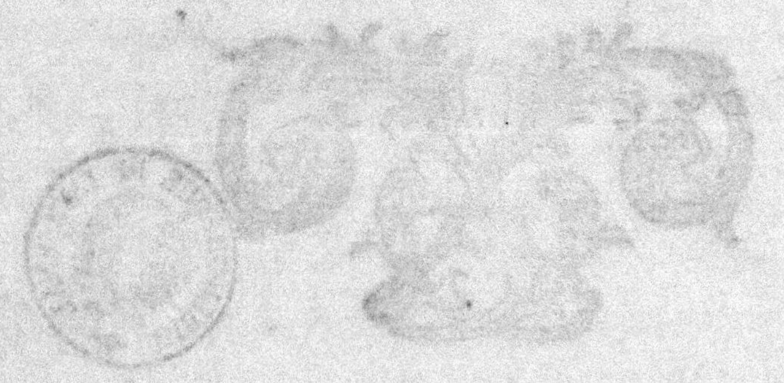

À PARIS,

Chez Saillant & Nyon, Libraires,
rue S. Jean-de-Beauvais.

# A TRES-INCLITE, (a)
## TRES-ILLUSTRE
## ET TRES-EXCELLENT PRINCE
## CHARLES DE CLEVES,
# COMTE DE NEVERS
## ET D'EU,
## PAIR DE FRANCE,

Tout immortel honneur & perpetuelle felicité.

*ES Anciens considerans la fragilité humaine sujette à l'inévitable dart de l'implacable Atropos, pour y cuyder obvier & ordir vie éternelle, pareille à celle des souverains Moderateurs de nature: premierement en déifiant leurs nobles mémoires imposerent leurs noms aux supernels Astres, voulant inferer que par louables*

(a) *Inclite :* celebre, recommandable, noble, excellent. Il vient du Latin *inclitus.*

ã ij

operations les Cieulx se peuvent seulement
asquerir. Et d'habondant pour mieulx ani-
mer leurs Successeurs à imiter les vertueulx
vestiges de leurs Ancestres érigerent images
& statues, & leur ordonnerent & decrete-
rent divins Sacrifices & honneurs. Mais
voyant que laps de temps, vetusté & cas
de fortune demollissoient tels manuels ou-
vraiges, & par ce povoit perir le florissant
renom de leursdits Ancètres, ils excogite-
rent nouvel moyen pour le perpetuer. Ce fut
la verdoyante Poësie & veridique Histoire,
la premiere desquelles soustenue des aesles
de Philosophie print son vol jusques à la
suprême Deité, & avec elle consacra les
bienheureuses mémoires de plusieurs Princes
& Semidieux Heroes ; & posé qu'ilz n'y
penetrassent, néanmoins elle descript soubz
l'ombre de leurs gestes d'y povoir parvenir,
en exaltant vertus & déprimant vices.
La deuxiesme, sans vouloir plus extoller,
louer, excuser ou deprimer les mortelz hommes que leurs merites ne requeroient, re-
cita leurs faits veritablement & sans pal-
liation quoique ce soit, ces deux divines
scierces maulgré le temps, fureur du Ciel,
raige de mort ou envie de fortune, finalle-

ment ont donné immortalité à la pluspart
des hommes, & nous ont laissé pour reliques leurs vertus ou vices, ensemble les
louables ou malheureuses fins d'iceulx, à ce
que leursdictes vertus nous [a] stimulent à
les ensuivre pour éternellement vivre, & à
fouir vices, lesquels à perpetuelle damna-
tion nous attrayent. Dont apert, tres noble
Prince, que à ces deux excellentes scien-
ces par sus toutes, sommes tenuz & obligez,
& devons mettre toute nostre estude à les
conserver & garder; & mesmement leurs
facondes volumes, par lesquelz sommes
instruits à bien & honnestement vivre, &
congnoissons nos Progeniteurs, & en leurs
gestes & tres-nobles entreprinses nous esjouis-
sons: car certes il n'est mye si hebeté d'esprit,
qui ne prenne singuliere recréation en lisant
les antiguitez des preux & chevaleureux
Princes, & par sur tous de ceulx dont l'on
a prins origine. Si m'a semblé que ta Celsitude [b] prendra quelque plaisir en ce petit
Volume que n'a gueres est venu entre mes
mains, par lequel est amplement recitée la
triomphante Histoire de Gerard, jadis Comte

(b) *Nous stimulent*, nous engagent, nous excitent,
du Latin *stimulare*, qui signifie éguillonner.

*de Nevers, l'ung de tes illustres Progeni-
teurs. A cette cause, pour faire partie de
mon devoir l'ay voulu desdier à ta (b) Sublimité, suppliant à icelle que son plaisir
soit benignement le recepvoir, & comme
celuy qui le luy envoye au nombre de ses tres-
humbles & tres-obeissans serviteurs, en luy
commandant tousjours ses bons plaisirs pour
à iceulx obéir, à l'ayde du Créateur qui la
vueille prosperer, amplier, & exalter en
toute felicité & renommée (c) indelebile.*

(b) *Celsitude & sublimité*, Altesse. Ce n'est qu'un
peu avant l'année 1630. que les petits Princes d'Italie
ont été traitez d'Altesse : avant ce temps-là il n'y avoit
que le Duc d'Orleans que l'on appella ainsi : ensuite en
1631. il prit celui d'Altesse Royalle pour se distinguer
des autres Princes : en effet on ne donne ce titre qu'aux
enfans des Rois. Avant Charlesquint, même quelque
temps après on ne donnoit que le titre d'Altesse aux
Rois d'Espagne. Jean IV. dit *le Fortuné*, Duc de Bra-
gance, & Roi de Portugal a été le premier qui ait été
traité de Majesté. Autrefois les Rois d'Angleterre étoient
apostrophez de *Votre Grace*, & Henri VIII. fut le premier qui se fit appeller *Altesse*, & ensuite *Majesté*.
*Giovani Botero* dit plaisamment qu'un Curé du Mont-
ferat refusa le titre d'Altesse au Duc de Mantoue, parce
que son Breviaire, où il avoit appris le Ceremonial ne
le donnoit qu'à Dieu. *Tu solus Dominus, tu solus al-
tissimus.*

Detti memorabili p. 210. Mém. de la Houssaye.

(c) *Indelebile*, ineffaçable, perpetuelle : du Latin
*indelebilis.*

# PREFACE

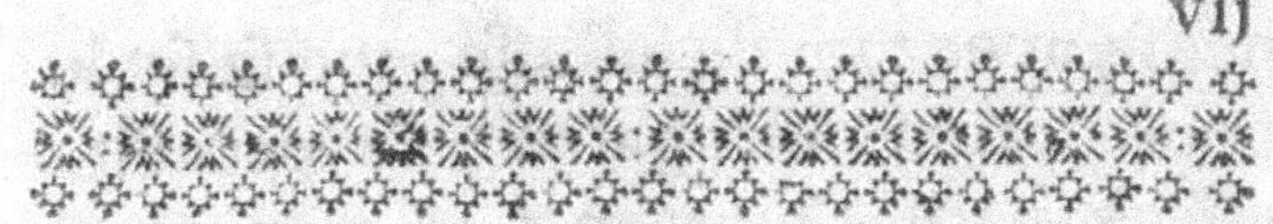Accueil favorable que le Public a fait aux nouvelles Editions de nos anciens Poëtes & à celle du Roman du petit Jehan de Saintré que differentes personnes nous ont donné avec des nottes très-utiles, m'a engagé à luy presenter l'*Histoire de tres-noble & chevaleureux Prince Gerard Comte de Nevers & de Rethel, & de la tres-vertueuse & tres-sage Princesse Euriant de Savoye sa mye.*

Si le Lecteur a goûté quelque plaisir dans les Chroniques de Saintré, je suis persuadé qu'il en trouvera davantage dans les avantures du Comte de Nevers; elles sont infiniment plus variées, plus interressantes, & la narration en est des plus naïve. C'est le sentiment d'une grande Princesse qui m'a encouragé à les donner au Public : elle

penſe avec tant de juſteſſe, que ſa ſeule
approbation m'eſt garante de la réuſſite
de ce petit Ouvrage : je n'en ferai
point un extrait dans cette Préface, je
laiſſe ce ſoin à Meſſieurs les Auteurs
du Mercure, qui s'en acquitteront
beaucoup mieux que moy. Je dirai
ſeulement que cet Ouvrage eſt un pur
Roman, puiſqu'il n'y a même jamais
eu un Gerard Comte de Nevers, ni
une Euriant de Savoye, ſi l'on en doit
croire les Genealogies de ces Maiſons.
J'ajouterai que quelques recherches
que j'aye faites, je n'ai pu découvrir
le nom de l'Auteur de ce Roman, &
que je n'ay pas non plus jugé à propos
de rapporter les généalogies des per-
ſonnes de qualité qui étoient à la Cour
de Louis le Gros ; j'ai cru cela aſſez
inutile & même aſſez incertain, &
qu'il ſuffiſoit de ſçavoir que Charles
de Cleves, Comte de Nevers & d'Eu,
à qui l'Auteur inconnu dedie ſon Ouvrage, étoit filz d'Angilbert ; qu'il
épouſa le 25. Janvier 1504. Marie
d'Albret, Comteſſe de Rethel, fille

aînée & heritiere de Jean d'Albret,
Seigneur d'Orval, & de Charlotte de
Bourgogne; & qu'il mourut en prison
au Château du Louvre à Paris le 27.
Aouſt 1521.

# TABLE DES CHAPITRES.

## TOME PREMIER.

---

## TOME DEUXIE'ME.

Fin de la Table.

# HISTOIRE DE GERARD, COMTE DE NEVERS.

## CHAPITRE PREMIER.

*Cy commence le Livre de Gerard Comte de Nevers & de Rethel, & de la Grant-Court que tint le Roy Loys le Gros, qui fut Roy de France.*

POUR le temps que on comptoit l'An de l'Incarnation Nostre Seigneur Jesus-Christ mil cent & dix, regna en France le tres-vertueux Roy nommé Loys le Gros, qui en son temps eut moult d'affaires à l'encontre de plusieurs Princes & autres Rebelles de son Royaulme. Lesquelles par plusieurs batailles vainquist & soubmist en son obéissance, & lui firent hommage. Plusieurs de leurs

Villes & Chasteaux & fit abattre & demolir ;
puis apres , luy voyant son Royaulme en paix
pour faire exerciter sa Chevalerie , afin de non
cheoir en oysiveté, fist par tout publier Joustes
& Tournoys , où de plusieurs contrées venoient en grand nombre Ducs, Comtes , Barons , Chevaliers , Dames & Pucélles. Si advint que a un jour de Penthecoste le Roy Loys
étoit venu au Pont de Larche, où il tint Feste
(*a*) grant & planiere plus que long-temps on
n'avoit veu. Les Barons , Chevaliers & Dames qui l'a vindrent , receut en moult grant
reverence : (*b*) Si les festoya & convoya comme
celui qui bien le sçavoit faire. Nul n'y eut ,
ne nulles du grant jusques au petit , que de luy

(*a*) *Feste grant & planiere* : On appelloit ainsi les
magnifiques Assemblées que nos Anciens Rois faisoient
à Noël & à Pâques , ou à l'occasion d'un Mariage ou
d'un autre sujet de joye extraordinaire ; ces Assemblées se faisoient dans leurs Palais, dans quelque grande
Ville , & quelque fois en plaine campagne ; les grands
Seigneurs y étoient invitez & obligez de s'y trouver;
les Rois alors y portoient le Sceptre à la main & la Couronne sur la tête. On conserve encore aujourd'hui dans
la Maison du Roi , la memoire de cette ceremonie , car
on distribuë par extraordinaire aux Fêtes de Pâques ,
Noël , &c. du pain , du vin , & de la viande à un certain nombre d'Officiers , comme Officiers & Gardes
de la Porte , ceux de la Prevôté de l'Hôtel , Trompettes & Fifres de la Chambre du Roi , les 24 Violons, les
grands & petits Valets de pied ; c'est ce qu'on appelle
*la Livrée des bonnes Fêtes.*

(*b*) *Si.* Et *Le Gendre* . *Mœurs des François.*

ne fuſt content. Pareillement faiſoit la Royne.
Plus beau Prince ne plus belle Dame long-
temps par avant eulx ne s'eſtoit veu en France:
avec la beaulté dont Noſtre Seigneur les avoit
ſi largement partis, leur avoit fait cette grace
que de toutes vertus tant de humilité, de ſens
& de courtoiſie comme des autres, eſtoient
tellement garnis que ſe les vertus pour celuy
temps euſſent eſté perduës, en eulx deux euſſent eſté recouvrées. Apres le jour & la ſolem-
nité faicte & celebrée en ſaincte Egliſe, advint que ung jour après diſner le Roy & la
Royne pour (*a*) eſlyeſſer & faire feſte à ceulx
& celles qui à ſa Cour eſtoient venus, commanda faire dancer & esbatre. Alors chacun
à ſon pouvoir s'aquita au mieulx qu'il peut.
Chevaliers & Dames & chantoient pluſieurs
Chançons. La Conteſſe de Beſançon qui en ce
temps eſtoit moult belle Dame, ſe priſt à chançon. Apres qu'elle eut ſa Chançon finée, Madame Alys Ducheſſe de Bourgogne en commença une à chanter, en tenant ſon amy par
la main luy dit : Ami chantez. Il lui repondit moult humblement que pour eulx deux ſe
vouloit acquiter : alors à voix baſſe & (*c*) ſerie
moult doucement en commenca de chanter.
Quant la Ducheſſe eut finée ſa Chançon, une
moult belle pucelle ſeur au Conte de Bloys ſe
priſt à chanter & diſt que *ja ne ſe marieroit :*

(*a*) *Eſtyeſſer*, ſe réjoüir.                              *Borel,*
(*b*) *Serie*, lente, grave, du mot Latin *ſero*.

*mais toute sa vie seroit amoureuse.* Apres en commença de chanter Damoiselle Ysabelle la seur
au Conte de Saint Pol, qui moult estoit belle
& gente. Quant elle eut sa Chançon finée, il
y eut plusieurs Dames & Damoiselles comme
la fille au Seigneur de Coucy : la Chastelaine
de Sainct Omer, & la Chastelaine de Dijon,
& assez d'autres, que au nommer pourroie
tropt eslongner nôtre matiere, mais tant vous
puis dire, que si bien s'en acquiterent les Dames & Damoiselles que à les avoir oüy, le Roy
& la Royne, les grands Princes & Princesses
s'en rejoüyrent tous. Ainsi comme là estoient
les jeunes Chevaliers, Dames & Damoiselles:
en eulx tenans par les doys & attendans que
de nouvel vint aucun pour la feste recommen-
cer. Le Roy Loys se leva en piedz, & regardant par le Palais *(a)* choisit ung jeune Damoisel tenant ung Espervier sur le poing, le
Roy le prist à appeller, si lui dit Gerard venir vous convient dancer, vostre Espervier
mectez [b] jus, si le baillez en garde à l'un de
vos Escuyers, Sire se dist Gerard, prest suis de
faire vostre vouloir [c] jaçois ce que de chanter & dancer me sçay bien peu entremettre :
mais par vostre commandement, lequel ne

(a) *Choisit*, découvrit de loin.
*Villehardoüin, voyage de Baudoüin Comte de*
*Flandre en* 1204.
(b) *Jus,* à bas.
(c) *Jaçois ce que,* quoique.

vouldroye [*a*] trespasser , en feray tout mon povoir. Celuy Gerard dont je vous parle , estoit fils au Conte de Nevers , lequel de nouvel estoit trespassé : de aage n'avoit Gerard que xvij ans. (*b*) Mais tant vous ose bien dire, que pour celui jour , le pareil en beaulté ni en force on ne trouvast en terre : Dieu & nature à le former n'y avoient riens oublié. Se la beaulté , le sens , la courtoisie , la humilité , la hardiesse & proiiesse qui en lui estoient apparant estre , vous vouloie au long racompter, assez vous pourroie tenir. Et avecques ce, estoit le mieulx chantant & dançant que pour lors on sçeust trouver en France.

Quant à la feste fut venu , Dame & Damoiselle n'y avoit , que de le regarder ne se müast ou changast couleur , si beau estoit : aussi estoit sa mye , laquelle avoit nom Euriant , l'aultre [*c*] passe fut de beaulté sur toutes celles que alors estoient vivans , & la plus loyalle en amours envers son ami qui oncques fut née. Le jouvencel s'approucha de la dance , s'y prist la Chastellaine de Dijon par la main ,

(*a*) *Trespasser* , outrepasser , c'est-à-dire , *Je ne voudrois pas vous desobéir.*

(*b*) *de aage n'avoit Gerard que* 17 *ans.*
L'Auteur auroit dû donner au Comte de Nevers un âge competant , pour pouvoir gager sa Terre contre Liziart , ainsi qu'il le fait au Chap. suivant.

(*c*) *L'autre passe fut de beaulté* , c'est-à-dire , surpassoit toutes les autres en beauté.

laquelle moult courtoisement lui pria que
une chançon voulsist dire , Damoiselle ce dit
Gerard , vos prieres me sont commandemens,
ja , à Dieu ne plaise que le vous refuse. Alors
Gerard de Nevers se prist à chanter , puis
quand Gerard à qui gueres ne chaloit des en-
vieux , eut dicte sa chançon , à la parolle [a] il
s'arresta . & dit que bien avoit raison sur tous
autres de chanter & mener joye , quant il aimoit & estoit aimé de la plus belle & la plus
courtoise , & la plus humble de France , &
que ce vouldroit-il maintenir à l'encontre de
tous ceulx qui le contraire vouldroient dire ,
puis dist que en mer n'estoit-il mye sans mast;
mais celui estoit sans mast qui en tel lien avoit
son cueur mys ou il ne scet s'il est aymé. Et
pource puis-je bien dire & affermer que pas
ne suis celuy qui ayme sans partie ; car d'elle
suis aymé plus que dire ne vous sçauroie ; &
pource que d'elle me suis vanté , pour son
amour diray une Chançon. Alors Gerard se
prist à chanter si advenamment , & tant luy
bien [b] afferoit que à l'oüyr le Roy , la Royne
& les Dames prindrent le [c] greigneur plaisir du monde.


   (a) *A la parolle il s'arresta* , il s'arrêta au sens des
paroles de sa Chanson.
   (b) *Tant luy bien afferoit* , il s'en acquitoit de si
bonne grace.
   (c) *Greigneur* , le plus grand, du Latin *grandior*,
*par mon serment , c'est le greigneur trompeur.* Pathelin.

## CHAPITRE II.

### *Cy parle de la gaigure que fift Gerard de Nevers devant le Roy à l'encontre de Liziart, Conte de Forest.*

QUANT Gerard eut sa Chançon finée, de plusieurs Chevaliers, Dames & Pucelles fut loüé & prisé, mais assez en y eust d'aultres, ainsi comme par une envie couverte en commencerent à murmurer sur luy, dont il en y eut l'ung entre les autres que on nommoit Lyziart le Conte de Forest ; luy esmeu par une tres-mauvaise envie si grande que a peu le cueur ne lui crevoit, car tant estoit [a] felon & plain de mauvais [b] art, que oncques en Gannelon [c] n'en eust autant ; grant homme estoit, maigre, sec, hardi & aigre [d]

(a) *Felon*, traître, ce mot derive du Latin *fel*, siege de la bile & de la colere qui est la source de la cruauté.

(b) *Art*, artifice.

(c) *Gannelon.* Si l'on en croit Ariofte, ce fut Gannelon qui livra l'armée de Charlemagne aux Sarrasins, auprès de Roncevaux, & qui fut cause de la mort de Roland & de tant de braves Paladins ; depuis le nom de Ganes ou Gannelon a passé en Proverbe.

*Vous êtes plus traître que Ganes.*

Et l'Italien en a fait le mot *Ingannare*, qui signifie tromper.

(d) *Aigre aux Armes*, fort rigoureux, du Latin, *Acer in armis.*

fut aux armes, ainſi comme par fierté & deſ-
daing ſe tourna vers aucuns Chevaliers qu'il
ſentoit eſtre de ſa part, & leur diſt : Comment donc entre vous tous, n'avez oüy ce
vaſſal oultre cuidé, à qui il ſemble que nul
de nous ſe doye à lui comparer ? n'avez-vous
oüy ſes vantiſes ? comment ſa mye il va louant?
qui croire le vouldroit, de pareille n'auroit
au monde, de ce qu'il a dit ſçay le contraire,
pas n'eſt d'elle tant aimé comme il cuide; mais
ſe je ne cuidoie troubler le Roy, ne dire choſe
où il penſiſt des-plaiſirs je gaigeroie ma Terre
à l'encontre de luy, que ainſi s'eſt vanté devant
nous tous, pourveu qu'il en ſoit content & que
ſçavoir ne faſſe ce à ſa mie, que avant ce que
viij jours ſoient paſſez, feray d'elle tout mon
vouloir, ſans en avoir refus ni [a] eſcondire,
& ſe ainſi ne le fays comme je le dy, je lui donne quiéte ma Terre de Foreſt & de Beaujolois.
D'autre part ſe d'elle puis venir à [b] chief,
laquelle choſe je ne doubte d'y faillir, il ſera
tenu de ſoy partir de ſa Terre & de la moy laiſſer quiéte. Le jeune Conte de Nevers oyant
parler Lyziart, luy ſoy fiant en la loyauté de
ſa mie la belle Euriant, ſe leva ſur piedz, &

 (a) *Eſcondire*, en vieux François ſignifie deffendre,
& nous diſons encore eſconduire à peu-près dans le
même ſens, ainſi *ſans avoir refus ni eſcondi*, ſignifie
ſans qu'elle s'en deffende autrement, ſans en être eſconduit.
 *Roman de Gauvain.*
 (b) *A Chief*, à bout.

diſt tout en hanlt , tant que de chaſcun fuſt
entendu : Sire Lyziart , de la gaigure que
voulez faire ne ſerez eſconduit , ma Conté
de Nevers vous donne , & [a] clame quicte ,
au cas que puiſſiez venir à chief de l'entre-
prinſe que voulez faire , & avec ce , vous promets que par nul homme vivant ne le feray
ſçavoir à ma mie. Le Roy qui là eſtoit preſent,
oyant , & luy diſt que de cette gaigure ſe povoit aſſez deporter , & que à l'ung ou à l'autre pourroit trop nuire. Sire ce dit Lyziart ,
pour rien ne me voudroye deporter. Quand le
Roy l'entendit , il lui diſt que bien ſe gardaſt
qu'il feroit , car ce choſe eſtoit que ſon en-
prinſe ne veniſt à chief , il lui tourneroit à tel
ennuy , comme perdre ſa Terre. En grand peril vous mettez , en adventure d'eſtre du tout
desheritez. Ha Sire ! ce dit Gerard , je vous
ſuplie humblement que de cette choſe vous
veuillez deporter d'en plus parler à Lyziart,
car de certain , cuide ſçavoir , que avant ce
que à chief veniſt de ſon emprinſe , à (b) mon
eſcient , pluſtoſt auroit conquis toutes les Al-
lemaignes. Le Roy voyant que cette folle
(c) emprinſe ne les povoit en riens retraire ne
rompre , leur diſt , que pour la choſe eſtre aſ-
ſurée , vouloit que chacun d'eux baillaſt

---

(a) *Ma Conté de Nevers vous donne & clame ,*
je declare vous appartenir.

(b) *A mon eſcient ,* ſelon moi.

(c) *Emprinſe ,* entrepriſe.

(*a*) pleiges souffisans pour la gaigeure entretenir. Alors Lyziart livra pleiges , & le
Roy (*b*) rendit pour Gerard de Nevers. Puis
quand pleiges furent livrez , Lyziart à qui il
tardoit de son emprinse mettre à fin , au plu-
tost qu'il peut oncques , se partit de la Court
du Roy , luy sixiéme des Chevaliers , & habillez en maniere de Pelerins, tant exploicta de
chevaucher que à ung soir bien tard il arriva
à Premery qui est à v. lieuës de Nevers. Apres ce
qu'ils eurent soupé s'en allerent coucher pour
dormir , mais oncques Lyziart ne peut prendre ung seul somme , tant avoit paour de perdre sa gaigure. Puis quand ce vint le bien
matin , ils se partirent de Premery , & vindrent à Nevers , droit à l'heure que la belle
Euriant revenoit du (*c*) Monstier ; Lyziart qui
des honneurs mondains sçavoit assez , au plustost qu'il peut quand il la vit , descendit de

(*a*) *Pleiges* , gages , cautions ; ces pleiges de düel
étoient des Gentilshommes parens , ou amis des com-
battans que l'on donnoit en ôtage ; si celui qui avoit
doné *gages* , *pleiges* étoit vaincu , il payoit son amende
reglée. Cette amende a commencé à *Lorris en Gasti-*
*nois* , comme l'a remarqué *M. de la Thaumaziere*
*dans les anciennes Coûtumes de Berry* , & a donné
lieu à ce Proverbe si usité , *l s battus payent l'amende*
*comme dans la Coûtume de Lorris.*

[*b*] *Le Roi rendit* , c'est-à-dire , le Roy se rendit
caution pour Gerard.

(*c*) *Monstier* , Eglise ; ce mot vient du Latin *Mona-*
*sterium.*

son mulet (*a*) emblant , auſſi firent ceux que avec lui furent venus. La noble Damoiſelle voyant les Chevaliers deſcendus pour la venir ſaluer , s'arreſta elle & ſes Damoiſelles, Lyziart vint vers elle , ſi la ſalua humblement. La belle Euriant qui bien le cognoiſſoit luy diſt moult courtoiſement que de ſa venuë eſtoit fort joyeuſe : Belle ce diſt Lyziart , par moy Gerard vous mande ſalut , auquel à mon partement avoye promis de non paſſer ſans vous avoir veüe. Sire ce dit Euriant , de (*b*) maindre meſſaige de vous me fuſſe bien paſſée , allez en voſtre hoſtel , puis ſe voſtre plaiſir de en mon hoſtel vouloir diſner , des biens qui y ſont , aurez voſtre part. Belle ce diſt Lyziart , voſtre commandement ſuis preſt de faire ; à tant la belle s'en partit , & vint au Chaſtel de Nevers , qui alors eſtoit aſſez prés de l'Egliſe , à ſon Maiſtre d'Hoſtel commanda que ſon diſner haſtaſt. D'autre part Lyziart s'en partit , ſi rencontra le Chaſtellain dont il eſtoit moult (*c*) accointé pour pluſieurs fois l'avoir veu. Moult doulcement luy pria que loger le voulſiſt en ſon Hoſtel. Le Chaſtellain qui à nul mal ne penſa , lui diſt que bien

(*a*) *Emblant* , qui alloit l'amble.
*Roman de Perceval*

(*b*) *Maindre* , moindre ; il n'étoit pas beſoin de m'envoyer un ſi grand Seigneur , pour me donner de ſes nouvelles.

(*c*) *Accointé* , familier. *Nicod.*

fuſt-il venu. Amy ſe dit Lyziart, de la courtoiſie que me faites vous ſçay ores bon gré ;
tant allerent que en l'Hoſtel du Chaſtellain
entrerent, ou de luy & de la Chaſtellaine furent moult bien receus. Puis quand Lyziart
fut deſcendu, par ſon Hoſte fut mené en ſa
chambre qui moult eſtoit bien parée. Haſtivement ſe deshabilla, il ſe veſtit de robe neufve
pour mieulx cuider complaire à celle pour qui
decevoir, s'eſtoit mis en adventure de ſa Terre
perdre. Quand il ſe fuſt paré, luy deuxiéme
de Chevaliers, & non plus, ſe partit de ſon
Hoſtel, & vinſt au Chaſtel, où aſſez trouva
Gentilzhommes qui au-devant de luy vindrent, luy diſant que le bien fuſt-il venu,
droit en la Salle le menerent, où de la belle
Euriant fut moult courtoiſement bien recüeil-
ly, de pluſieurs choſes ſe diviſerent, le diſner
fut preſt, & l'eaue (*a*) cornée. Si s'aſſirent ;
la noble Damoiſelle que à nul mal n'alloit penſant, le feſtoia, & lui fiſt ſi grande chiere,
comme s'il euſt eſté ſon frere ou ſon couſin
germain ; des metz dont ils furent ſervis
ne vous vueil faire long-compte. Quant à
leur plaiſir, eurent diſné & que tous furent

(*d*) *Le diſner fut preſt, & l'eau cornée*, il y a apparence que cela ſignifie, l'on ſonna avec un Cors pour
avertir qu'il étoit temps de laver les mains, & de ſe
mettre à table : ce qui eſt confirmé dans le Chapitre
22. Notte 15. où l'Auteur dit, *fit corner la retraite,*
ce qui ſans conteſtation veut dire ſonner la retraite,

levez de table, Lyziart très-desirant à parler à
la Damoiselle, la prist par la main, si luy dit:
Belle, à vous ay un messaige à faire, se vostre
plaisir estoit de moy ouyr, grand desir ay le
vous dire, car chargé en suis de par ung que
bien cognoissez. La belle Euriant non sçachant
la grant malice qu'il pourchassoit à elle,
& à Gerard son amy, se retira avec lui vers
une fenestre, où eux deux ensemble allerent
(*a*) accouter. Lyziart à qui il tardoit moult de
son emprinse par fournir en commença de penser, puis s'aprocha un peu auprès d'elle, &
lui dist : Madame, de tout me mets en vostre
mercy, tant ay oüy parler de vous, vostre
beaulté & courtoisie, que tout le monde vous
va prisant, de votre amour suis si surpris, que
par force, mon cueur m'a contraint de vous
venir veoir ; ja pour chose que advenir me
doye, ne lairay à dire la peine & le tour-
ment que nuit & jour seuffre pour vous, en
moy (*b*) n'est le vous dire, ne les griefs maulx
que jusques à ores j'ay souffert, pour Dieu vous
prie que de moy vueillez pitié avoir, ou autrement (*c*) ne puis appercevoir que la mort
ne me soit prochaine.

(*a*) *Aller accouster*, s'allerent accouder sur une fenêtre.

(*b*) *En moy n'est le vous dire*, c'est-à-dire, je ne
puis vous bien exprimer.

(*c*) *Ne puis appercevoir*, *&c.* c'est-à-dire, si vous
n'avez pitié de moi, je ne pourrai survivre à vos refus.

## CHAPITRE III.

*Comment Lyziart le Conte de Forest vinst à Ne-
vers, & comment il parla à la belle Euriant,
& de la faulsse Vieille qui trahit sa Maistresse.*

QUANT la Damoiselle entendit Lyziart, assez ne se peut esmerveiller, & luy dist: Ha Sire ! mercy vous veüil prier, s'ainsi *(a)* est que par courtoisie je me seuffre vous dire aucune laidure, sçavoir m'en devez gré. Car avant ce que à vostre voulenté me voulsisse *(b)* assentir, auriez pluftost prinse la Lune qui est au Ciel là-dessus, que de moy incliner à donner mon amour vers vous, Se aucun besoing avez autre part, par mon conseil l'yrez querir, besoing pour ce, ne vous est icy attendre, jasoit ce que pas ne suis pour vostre parler si troublée de chose que dite me ayez, que mon Hostel & les biens qui y sont ne vous soient habandonnez, mais se de chose me parlez ou aucun deplaisir puisse prendre, gardez que plus ne vous en avancez, car vous en auriez, malgré, & moy, un deplaisir moult grand. Ha ha ! noble Dame, advis m'est que grand tort

(a) *S'ainsy est, que par courtoisie &c.* c'est-à-dire, si par courtoisie, je souffre que vous me teniez des discours aussi insolens.

(b) *assentir,* consentir, du Latin, *assentiri.*

avez , en vous gist ma mort ou ma vie , car
ce mon mal ne vous puis dire & monstrer ;
la fin de ma vie , voy apparoir prochaine ,
mais se la mort ou aucun torment en devoie
recevoir , pourtant ne lairay à vous dire
tout ce que sur le cueur me gist , car en moy
n'est la force ne le pouvoir de me abstenir ;
mal *(a)* feu & flambe puist ardoir celuy qui
premier de vous me parla, jasoit ce que jamais
n'eusse creu la tierce part de la beaulté qui est
en vous, vostre nom , & *(b)* humilité par qui
suis en voye de mourir : la Damoiselle oyant
Lyziart son propos tenir, luy repondit moult
*(c)* iréement, & lui dist : Sire saichez de la
requeste que fait m'avez , & que encores con-
tinuez faire me tourne à très-grand desplaisir,
alez-vous pourchasser ailleurs, à moy *(d)* avoir
avez failly , besoings ne vous est plus en parler , mieux aimeroit estre *(e)* arse & bruye que
pour vostre piteuse complainte, qui est garnie
de faulseté vousisse faire vostre requeste , saichez que pas ne suis femme pour ce faire , autre part alez *(f)* querre amye , que à vos de-

---

(a) *Mal feu & flambé puist ardoir , &c.* que le
premier qui m'a parlé de vous puisse être brûlé.

(b) *Humilité*, honnêteté , politesse , c'est *Urbani-
tas* des Latins.

(c) *Iréement* , en colere.

(d) *A moy avoir avez failly* , vous êtes loin de votre compte , quand vous croyez m'avoir ainsi.

(e) *Arse & bruye* , brûlée.

(f) *Querre* , chercher.

duitz puissiez avoir, desormais vous tiendroie
pour fol, se de ceste chose plus me parliez; 
alors sans plus parler, la Damoiselle se leva
sus, delaissant Lyziart apoyant à la fenestre la
main à sa (*a*) maiselle, pensant sa Terre avoir
perduë. Assez tost après le vespre approcha,
si commanda la Damoiselle les tables à mettre, si fist la viande apporter, puis s'assirent
& mangerent. Grant (*b*) planté y avoit de
metz, mais oncques par le Conte Lyziart ne
furent touchez, tant estoit pensif & melanco-
lieux qu'il ne sçavoit que faire. Ainsi comme le
Conte Lyziart estoit à table pensif, la [*c*] maistresse de la Damoiselle le prist moult fort à
regarder, laquelle s'apperçeut assez tost que
feru estoit de l'amour de sa Damoiselle, elle
qui estoit moult maligne, & remplie de toute
faulseté, afferma (*d*) en son couraige, de à
son povoir aider & secourir Lyziart jusques à
ce que de sa Damoiselle auroit joüissance pour

    (*a*) *Maiselle*, joüé; ce mot vient de *maxilla*, qui
signifie machoire.
       *Roman de Perceval.*
    (*b*) *Planté*, d'où l'on a fait *Plantureusement*, signi-
fie abondance; ce mot vient du Latin *planitas.*
      *Ou grand planté de biens abonde.*
               *Fontaine des Amoureux.*
    [*c*] *La maistresse de la Damoiselle*, la gouvernante. Je
n'ai point encore lû aucun Roman ancien, où ce nom
soit employé dans ce sens; cependant il est certain qu'il
signifie ici gouvernante.
    (*d*) *Afferma en son courage*, fit serment dans son
cœur.

en faire sa voulenté. Cette vieille estoit moult laide & raffrognée, née estoit de la Charité sur Loyre, oncques en sa vie un seul bien n'avoit fait, de sorceries sçavoit assez, autant & plus que oncques avoit fait Astaroth ; autresfois avoit eux deux enfans, lesquels par nuit elle mûrtrit. Moult fort prist à regarder le Conte, si pensa que tel service luy feroit, dont à tousjours, mais, la tiendroit comme sa mere, ou sa femme épousée, l'ardente convoitise dont elle estoit pleine, l'esmeut à trahir sa maistresse, par qui elle avoit eu moult de biens ; l'heure vint que les tables furent ostées, se leverent après les graces dictes, la Damoiselle se départit prenant congé de Lyziart ; si s'en alla dedans sa chambre. Les autres Chevaliers & Escuiers s'allerent esbatant par la salle. Et Lyziart lui seul appuyé à l'une des fenestres & morne à grant merveille, luy cognoissant avoir sa Terre perduë ; ainsi comme là estoit pensant, la très (a) orde vieille Gondrée vint vers le Conte, si lui dit : Sire à ce que puis appercevoir, advis m'est que grant douleur avez au cœur, Dame ce dist Lyziart, plus grant ne pourroie avoir, Sire ce dist la vieille, assez apperçoy en vous la cause de vostre doleance, mais se dire me voulez vostre fait, en telle maniere vous y aideray que au-

[a] *Orde*, vilaine, sale, du Latin *sordidus* ; de ce mot l'on a fait celui d'ordure.     *Dict. de N cod.*

B

deſſus viendrez de vos deſirs ; Dame ce dit
Lyziart, je vous jure & promets ma foy, que
ſe à mon affaire me voulez aider , ſeure povez
eſtre que jamais ne tiendray denier où vous
n'ayez voſtre part , ne ja ſera choſe , ſe ſoub-
haitier le voulez , que tantoſt ne le vous faſſe
avoir. Sire ce diſt la vieille, aſſez peu veoir à
vos contenances, que pour l'amour de ma Damoiſelle eſtes ici venu , & pour ce ay grant
deſir vous complaire , car voſtre bien deſire de
tout mon cueur, ſi ſachez que je cuide tellement exploicter à faire voſtre beſongne avan-
cer , que du tout en viendrez au-deſſus. Lyziart oyant la vieille mauvaiſe & punaiſe ,
ainſi l'aller reconfortant , luy en commença
dire & racompter la maniere de la gaigure.
Quand la vieille entendit Lyziart ainſi parler,
lui diſt : Sire Conte de Foreſt , voſtre beſongne ai entenduë , à laquelle vauldray tel re-
mede mettre que du tout l'aurez aſſeurée pour
voſtre plaiſir faire , ou ſe en cette maniere ne
le povez avoir , aucun moyen ſubtil trouve-
ray par quoy pourrez eſtre aſſeuré de voſtre
Terre non avoir perdue , & la Conté de Ne ·
vers gaignée. Dame ce diſt Lyziart ſe ceſte
œuvre povez (*a*) traire afin , & que d'elle aucunes vrayes enſeignes puiſſe avoir , tout aſſeuré me pourray tenir de ma querelle avoir
gaignée. Sire ce dit la faulſe vieille de ce ne

[*a*] ***Povez traire afin*** , pouvez conduire à bonne fin

faictes quelque doubte , je vous (*a*) affy pour
verité que avant ce que demain soit passé , ferai pour vous tel chose , que d'elle aurez la
joüissance , ou enseignes si seures que à la Court
du Roy serez creu , parquoy à vostre plaisir
pourrez avoir la joüissance de la Conté de Nevers , si vous conseille que (*b*) meshuy allez
reposer jusques demain , & en riens ne faites
quelque doubte. Alors deux Varlets portans
deux torches , vindrent vers le Conte de Forest , si le menerent en une chambre qui pour
luy estoit appareillée , où lui & ses Chevaliers
cette nuit dormirent , lesquels tous ensemble
jurerent que bien eussent voulu que la pucelle fust avertie de la cause pourquoi leur Seigneur estoit là venu , moult fort l'alloient plaignant le jeune Conte , & sa mie Euriant , parquoy si bien avoient esté receuz ; d'autre part,
la très-orde vieille vint en la chambre de sa
Dame afin de l'aider à coucher , quant la Damoiselle fut couchée : voire à (*c*) tout sa chemise & non autrement , la mal vieille luy
commença à dire ainsi : O Madamoiselle ! trop
ne me puis esmerveiller , de ce que oncques en
ma vie de vostre chemise ne vous vy despoüil-
lée. Ja sont passez sept ans , que premier vous
ay gardée ; Maistresse dit la Damoiselle , sa-

[*a*] *Je vous affy pour verité* , je vous certifie comme vrai.

[*b*] *Meshui* , aujourd'hui.

[*c*] *A tout sa chemise* , avec sa chemise.

chez pour verité , que nulz , fors Gerard mon
amy , ne la me fera dépoüiller , par lui m'a esté
deffendu : pource que sur moy a telle (*a*) enseigne , qu'il n'est homme , ne femme au monde , tant me soient prochains parens , que jamais l'ait veuë ; fors mon amy , auquel j'ai
[*b*] convent au departir qu'il fist de moy , se
il estoit homme mortel en vie qui peust dire
de soy vanter l'avoir veuë , il croira certainement que de moy aura fait sa voulenté. Parquoy l'amour de nous deux seroit departie :
Ma tres-chere Maistresse , de ce que vous ai
dit, me povez croire , & le sçavoir pour certain. Madame dit la faulse vieille , ja à Dieu
ne plaise que jour de votre vie faciez chose ,
parquoy au doy soyez monstrée , ne que
ayez reprouche villaine , car se croire me
voulez , nulz fors vous deux ne le sçaura.
Ja est temps d'aller dormir Madamoiselle ,
bonne nuyt vous doint Dieu.


[*a*] *Enseigne* , signifie , tache naturelle.
[*b*] *Auquel j'ai convent au departir* , avec lequel
je suis convenue en nous quittant lors de son départ.

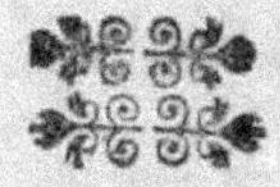

# CHAPITRE IV.

*Comment la faulse vieille trahit sa Maîtresse, &
comment elle fist ung pertuis en la paroy de la
chambre, afin que le Conte de Forest vist l'enseigne que avoit la belle Euriant sur sa dextre
mamelle.*

A Tant la desloyalle vielle se departit de
la chambre de sa Damoiselle à telle doleur que à peu elle ne crevoit, de ce que sa-
voir ne povoit qu'elle enseigne sa Damoiselle
portoit sur elle ; la vieille s'en alla coucher à
mal repos & à malaise jusques ce vint le bien
matin, qu'elle se leva du lit. Tost & hastivement fist appareiller ung baing en sa chambre, puis quant elle le voy prest, tost & ap-
pertement vint esveiller sa Damoiselle. Tant
luy dit d'unes & d'autres que en sa chambre
la mena baigner, mais mieulz luy [a] venist
que jamais ne se fust baignée pour le tres-
grand [b] meschief & ennuy qui depuis luy
en advint, ainsi que icy après pourrés ouyr.
Quand la Damoiselle fut en la chambre de la
vieille, où le baing estoit appresté, elle commanda à sa Maistresse la faulse vieille, que de
la chambre se departist, pource que seulle vou-

[a] *Mieulx luy venist*, il lui eût mieux valu.
[b] *Meschief*, malheur.

loit estre , ou autrement ne se vouldroit baigner. La malle vieille au commandement de
sa Damoiselle moult courroucée s'en departit
[*a*] affermant en son couraige,que tel [*b*] chaudel luy brasseroit , par quoy grant mal & ennuy luy pourroit advenir. La vieille remplie
de courroux & d'amertume [*c*] yssit de la
chambre, pourveuë d'une *(d)* Tarelle , dont
hastivement à ung coing fist ung pertuys afin
que à son aise elle peust veoir la Damoiselle
baigner. Quant elle veit le pertuys fait , cle-
rement vit sa Damoiselle , si regarda que sur
sa dextre mamelle, avoit une enseigne moult
gente , en semblant d'une violette , *(e)* apparant estre Inde sur sa chair blanche: La vieille
veans cette enseigne ne s'en peut assez esmerveiller. Au plustost qu'elle peut , afin que de
nul ne fust apperceuë , vint en la chambre ,
où le Conte se dormoit , si l'esveilla , moult

[*a*] *Affermant en son couraige* , faisant serment
dans son cœur.

[*b*] *Que tel chaudel lui brasseroit* , c'est-à-dire,
qu'elle allumeroit un feu si chaud. Il y a apparence que
c'est ici une metaphore prise de la fonte des Métaux ;
l'on appelle *chaude* , le feu violent que donnent les
Ouvriers qui travaillent aux Forges & aux Verreries ,
& de chaude l'Auteur peut bien en avoir fait chaudel.

(*c*) *yssit* , sortit.

[*d*] *Tarelle* , Tariere , outil de Charon qui sert à
percer le bois.

[*e*] *Apparent estre Inde* , c'est-à-dire , un signe
semblable à une violette des Indes.

(*a*) souef luy dist. Sire, levez-vous sus : car de
maintenant vous asseure que vostre querelle
avez gaignée , car telles enseignes vous montreray par quoy seulement pourrez dire que
dés maintenant estes Seigneur de toute la Conté de Nevers ; or tost levez-vous sus , si venez après moy , je vous monstreray ce pourquoy estes icy venu. Alors Lyziart sans plus
arrester se leva du lit , vindrent au pertuys ,
que la desloyalle vieille avoit fait , il se ac-
cousta au pertuys , & y bouta son œil , si regarda la Damoiselle , puis apperçeut & advisa
l'enseigne que sur sa dextre mamelle estoit assise , mais autre chose n'en peut avoir , si luy
souffist à tant. Quant assez l'eût veuë & re-
gardée , il vint vers la vieille & luy dist.
Dame , de grant perte m'avez gardé , par
quoy vostre homme & vostre subject vouldray estre , Dame & Maîtresse vous feray de
toutes mes Terres & Seigneuries , lesquelles
javoye perduës se ne [*b*] fussiez , bien est droit
que [*c*] guerdon en ayez , autre chose ne vous
demande , fors que en la garde de Dieu vous
laisse , de moy arez assez brief nouvelles.

[*a*] *Moult souef*, très-doucement , gracieusement
du Latin *suavis*.

[*b*] *Se ne fussiez*, si vous n'eussiez pas été , sans votre secours.

[*c*] *Guerdon* , récompense.

---

# CHAPITRE V.

*Comment Lyziart print congié de la Vieille,
& de la Damoiselle, & s'en retourna en Court.*

QUANT Lyziart eut prins congié à la
Vieille vint en sa chambre, si se vestit,
& appareilla luy & ses gens pour soy partir.
D'autre part, la Vielle vint hurter à l'huys de
la chambre: la Damoiselle saichant que c'estoit
sa Maitresse, au plustost qu'elle peut (a) saillit
du baing & vestit sa chemise, print une courte
robbe, si vint ouvrir l'huys à la Vieille, puis
pour elle essüer se boutra au lit. Après se vestit, & para au plustost qu'elle peut, si vint
en la salle, pour ce que par la Vieille estoit advertie du département du Conte de Forest qui
illec l'attendoit. Quant en la salle fut venuë,
moult humblement saliïa le Conte & tous ses
Chevaliers, Madamoiselle dit le Conte, de
vostre bonne chiere, que par vostre courtoisie nous avez faicte, vous remercions humblement. A tant print congié de la Damoiselle,
& de ceulx que avec elle estoient; il devala les
degrez, & monta sur son Mulet, puis luy &
ses Chevaliers se mirent en chemin, & la belle
Euriant demoura en son Chastel accompaignée de la faulse vieille qui ainsi l'avoit tra-

[a] *Saillit*, sortit.

hie. D'elle vous lairrons aller , si vous racom-
pterons de Lyziart le Conte de Forest , qui
tant s'exploicta , & hasta de chevaucher sans
quelque adventure avoir , que en quatre jours
il arriva à Melun où le Roy Loys estoit. Quant
Lyziart fut venu à la Court , assez y avoit
Chevaliers & Barons , desirans sçavoir la maniere , & comment Lyziart avoit exploicté.
A celuy jour que Lyziart arriva à Melun , Gerard le jeune Conte de Nevers estoit allé esbatre jusqu'à Corbeil , mais gueres n'y arresta ,
car par aucuns de ses amys la venuë de Lyziart luy fut annoncée. Moult grandement
accompaigné des jeunes enfans des Contes &
Barons de la Court , ses parens & cousins , se
partit de Corbeil & vint à Melun , car moult
estoit de haut (*a*) paraige yssu ; deux & deux
venoient ensemble chacun un chappel de roses sur le chief. Moult grant presse de gens
y avoit par les ruës de Melun pour les veoir
passer ; Gerard au milieu d'eulx , venoit chantant , & les aucuns luy respondoient. Ainsi
comme vous oyez , venoit à la Court Gerard
Conte de Nevers , vieil ne jeune n'estoit que
voulentiers ne le regardast. Quant à la Court
furent venus [*b*] jus des destriers descendi-

(a) *De hault paraige* , de grande naissance.

    *Se vous este de grand paraige* *
    *Je ne suis mye , de Menour.*

* moindre.

                  Ovide , Manuscrit.

[*b*] *Jus des destriers* , à bas de leurs Chevaux.

rent, si vindrent en une chambre moult richement pourtenduë, où le Roy & tous les
Barons estoient assis, attendans la venuë de
Gerard. Et quant leans le virent entrer ainsi
acompaigné, il n'y eut si grand que honneur ne luy fist, mesmement le Roy de qui
il estoit moult aimé, le regarda en soubzriant.
Quant tous furent leans venus, chascun se
teust & fist silence. Alors Lyziart le Conte
de Forest, voyant Gerard estre venu, se leva
en piedz, & dit tout hault en se tournant
vers le Roy. Sire assez tiens en votre noble memoire, que ung jour qui passé est, moy
& Gerard l'enfant, fismes une gaigure, enfant
l'appelle-je, pour ce que bien l'a monstré
quant sur la fiance d'une femme a sa Terre
(a) forfaicte : & est mienne par la gaigure
que luy & moy avons faicte. Vous Sire &
tous les Princes & Barons qui cy sont, en
appelle à tesmoignage. Et pource que, pour
mourir ne vouldroye dire, ne mettre avant
chose que veritable ne fust, Gerard face mander sa Mye. Alors en la presence de vous &
d'elle prouveray que entierement j'ay gaignée
sa Conté de Nevers, & tout ce qu'il y ap-
pend. Et ce je vueil prouver, & à elle dire enseignes que au contraire ne pourra aller.


[a] *Forfaicte*, perduë.

# CHAPITRE VI.

*Cy devise comment Gerard envoya querir sa Mye par un sien Escuier parent.*

QUANT le Roy entendit Lyziart, il se tourna vers ses Barons. Si dirent tous que Lyziart disoit bien, & que mieulx ne povoit dire. Il appella Gerard & luy dist que sa Mye envoya querir. Sire ce dist Gerard, jour que j'aye à vivre ne le croiray. Mais pour la chose sçavoir à la verité, l'envoyeray querir par ung mien nepveu qui cy est. Incontinent le fist appeller, il y vint, Gerard luy chargea que à Nevers allast hastivement querir Euriant sa Mye. Le jeune Escuier au commandement de son Seigneur se departit hastivement (*a*) d'illec, en luy tellement exploictant que au cinquiesme jour vint à Nevers, où il trouva Euriant assise aux fenestres du Chastel, auprès d'elle estoit assise Gondrée la très-orde vieille. Quant la belle vit l'Escuier sans soy arrester, les bras luy vint lancer au col, en luy demandant comment le faisoit (*b*) son Seigneur. Le jouvencel comme celuy qui bien estoit (*c*) duit, & apprins, luy dist ma Damoiselle au partir que

[*a*] *D'illec*, de ce lieu.
[*b*] *Comment le faisoit*, comment se portoit.
[*c*] *Duit*, dressé, instruit.

fis de luy, le laiſſay ſain, & aleſgre, par moy
vous envoye guerir, en vous priant que toſt
venez vers luy. La Damoiſelle oyant le commandement de ſon amy, fiſt moult grant
chiere au Meſſagier, & luy diſt que toſt ſeroit
preſte. Si commanda ſon Maiſtre d'Hoſtel de
(*a*) penſer du jeune Eſcuier : puis elle deſirant
complaire à ſon amy, fiſt ſes choſes appareiller au pluſtoſt qu'elle peut faire, à la Vieille
commanda tout l'affaire de ſon Hoſtel. La
deſloyalle & faulſe Sorciere bien ſaichant la
cauſe pourquoy ſa Damoiſelle eſtoit mandée,
luy diſt que en riens ne fiſt doubte, & que
tellement penſeroit du meſnage, que à ſon retour auroit toutes bonnes nouvelles. La belle
Euriant baiſa ſa Maitreſſe en prenant congé
d'elle. La deſloyalle Vieille fiſt ſemblant de
plourer : & dit au departir, je ſçay aſſez que
voſtre retour me ſera long. La Damoiſelle
ayant ſon fait appreſté, commanda les Chevaulx (*b*) traire hors de l'eſtable. Se le riche
harnois, ſelle & bride dont ſon (*c*) Pallefroy
fut couvert vous voloye racompter, & la ri-
cheſſe qui deſſus eſtoit : trop pourroie mettre
à le dire, de ſes atours & veſtemens ne vous
vueil long compte faire, car tant eſtoient ri-

[*a*] *De penſer du jeune Eſcuyer*, d'avoir ſoin du
jeune Ecuyer.

[*b*] *Traire*, tirer.

[*c*] *Pallefroy*, c'eſt un Cheval pour une Dame ;
& d'où eſt venu le mot de Pallefrenier.        *Borel.*

ches que impoſſible ſeroit de les nombrer ce
qu'ils valoient. Quant elle vit que ſes gens
eſtoient tous preſtz, ſon Pallefroy luy fut
amené, ſur quoy ſans (*a*) quelque avantaige
avoir, ſaillit deſſus. Puis elle accompaignée
de trois Chevaliers les plus notables du païs
de Nivernois, enſemble de pluſieurs aultres
Gentilzhommes, ſe partit de la Cité de Nevers, & des plus grans de la Cité fut convoyée. Car tant eſtoit aimée des petits & des
grans, que ſe à la verité euſſent ſceu ſon
(*b*) deſtourbier, jamais pour riens ne l'en euſſent laiſſée partir d'eulx. Quant juſques à une
lieuë l'eurent convoyée, tout en plourant prindrent congé d'elle, puis ſi ſe partirent d'elle
& retournerent à Nevers. Lors la belle Euriant, elle & ſa route ſe miſrent à chemin,
faiſant la plus grant (*c*) chiere du monde. Mais
ſe advertie euſt eſté de ce que à advenir luy
eſtoit, bien euſt voulu eſtre morte. Tant exploicta ſans ſejourner, que ung bien matin,
elle & ſa compaignie arriverent à Melun, &
s'en vint loger en ung moult riche, & moult

[*a*] *Sans quelque avantaige avoir, ſaillit deſſus*,
ſauta deſſus, ſans prendre ſes avantages; ſans mettre le
pied à l'eſtrier.

[*b*] *Deſtourbier*, l'empêchement qui devoit ſurve-
nir pour ſon retour. Il vient du Latin *Diſturbium*,
trouble, obſtacle.

[*c*] *Faiſant la plus grant chiere du monde*, faiſant
la meilleure conţenance, de l'Italien *Ciera*, qui ſignifie viſage.

fort bel Hostel, que alors estoit auprès de
l'Eglise Saint (*a*) Espes, ou de son hoste &
hostesse fut moult (*b*) lyement receue. Ils l'a-
menerent en une Chambre moult bien & richement parée ; environ quatre heures après
midy étoit, quant elle entra en la Ville que
oncques d'homme nulle ne fut sa venuë sçeue
pour ce que celuy jour le Roy & tous les Barons estoient aux champs allez esbatre, où ils
furent jusques prés de la minuyt, avant ce
que en la Ville retournassent, pourquoy la
belle Euriant saichant que si tost ne retourne-
roient, commanda appareiller son souper puis
quant il fut prest elle s'assit à table. Après ce
qu'elle & ses gens eurent souppé, elle qui estoit
lasse, & travaillée s'en alla couchier, & reposer, jusques ce vint le matin que deux de ses
damoiselles la vindrent esveiller. Quant elle
vit le jour estre venu, par ses damoiselles se
fist parer, & vestir moult richement ; de ses
vestemens & atours ne vous veueil faire long
compte, mais bien vous ose dire que oncques,
Helene, Polixena, ne Dido, de beaulté, ne de
humilité ne estoient à comparer, pour le temps
qu'elles vivoient à celle de la belle Euriant,
aujourd'huy ne se trouveroit paintre tant
fut soubtil que sa belle face sçeust pourtrayre
au vif, ne nulz homme qui de la façon d'elle

(*a*) *Sainct Espes.* Il faut que ce soit Saint Espre
Martir sous l'Empereur Adrien.
(*b*) *Lyement*, Joyeusement.

vous fceuft au vray devifer , de fa beauté &
de fes riches atours ne vous feray long compte
fort que tant eftoit bien faicte , & formée que
en elle , Dieu & nature n'avoient oublié , encore n'avoit pas xv. ans d'aage. Quant elle fuft
du tout parée & que fa meffe eu ouye , elle
acompaignée par fes Chevaliers, Gentilzhommes , Dames & Pucelles fe départit de fon
hoftel , en prenant le chemin vers la Court ,
mais avant que la venift , venoient acourans
par les rues bourgeoys , bourgeoifes , & pucelles qui aux fenestres des maifons & des fal-
les eftoient , dames & damoifelles moult ef-
merveillées de la tres-excellente beaulté que
en la belle Euriant veoient eftre. Avant ce que
à la Court peuft venir , à Gerard fut fa venuë
noncée , luy & grant foifon de Chevaliers luy
vindrent au devant , tous esbahys de la grant
beaulté dont elle eftoit garnye , moult gentement venoit chevauchant deffus fon pallefroy
amblant , faifant les menuz faulx parmy les
rues , gueres ne fe fut eflongnée de fon hoftel,
que Gerard ne luy fut au devant ; à l'aprocher
d'elle luy dift : Belle de voftre venue fuis moult
joyeulx , à bonne heure puifliez vous venir.
Sire ce dit Euriant la longue attente de vous
veoir , m'a efté moult ennuyeufe , mais Dieu
mercy , puifque je vous voy , chofe n'eft qui
me puift nuyre. Eulx deulx entretenans par
les mains vindrent en Court ou ilz defcendirent , car n'y demoura Chevaliers qui au-ad-

venant d'eulx deux , ne venift pour le defir
que chafcun avoit de les veoir enfemble venir
en Court. Quant tous furent defcendus ils
monterent à mont les degrez , de la , fi vindrent tous deux au Palais où le Roy & la
Royne attendoient.

---

## CHAPITRE II.

*Comment la Belle vint en Court & comment*
*Lyziart luy mift fus-quelle avoit couché avec*
*luy & qu'il avoit eu fon plaifir d'elle.*

QUANT ils furent leans entrez. Ils
n'y eut fi grant Prince ne Baron que de
fieges ou ilz eftoient affis ne fe levaft pour les
honnorer , mefmement le Roy fe leva fi print
Euriant par la main & luy dift , belle voftre
venue m'eft moult plaifante. Sire dit Euriant
fi heureufe vouldroye eftre de tant povoir faire
en ma vie que fervice vous peuffe faire dont à
vous & à la Royne venift à plaifir. Le Roy en
foy retournant vers fes Barons leur dit. Seigneurs ores puis je veoir la verité certaine de
ce que de cefte Damoifelle ma autrefois efté dit,
car oncques en mon vivant plus belle Dame
ne vis. La belle Euriant comme fage , & foub-
tille , veans que leans en la chambre fe trouva
feule de femmes , excepté de celles de fa compaignie, elle ne fe peut affez efmerveiller, pour

ce leans ne veoit la Royne, laquelle elle y cuidoit trouver, prist en elle une frayeur moult
grande, pensant en elle mesme, que pour aucune chose estoit mandée, moult piteusement
commença de regarder Gerard son amy, ainsi
comme en ceste freeur estoit la Damoiselle,
Lyziart Conte de Forest & de Beaujolois se
leva en piez, en soy agenoillant devant le
Roy, si luy dist. Sire assez vout tiens estre
(a) recors que n'a gueres de temps, Gerard le
Conte de Nevers comme jeune, & non sçachant, tel le puis je nommer, quant tant s'est
voulu fier en femme, de sa terre avoit mis en
gaige à l'encontre de la mienne, par tel si,
que se ainsi advenoit que je peusse tant faire
par devers Euriant sa mye, que d'elle avoir
mon plaisir, il estoit content de moy donner
sa terre & quicte. Et ou cas, que en moy ne
feust, de ce povoir faire, luy promis par devant vous & vos barons, la Conté de Forest
& Beaujoloys luy resigner, & mettre en sa
main, comme son propre vray heritaige. Si
est advisé que par droit & raison il a sa terre
perduë. Sire devant vous vueil prouver &
monstrer, ou dire telz enseignes que par raison vive, sans en faire champ de bataille,
ny escript, que de sa mye Euriant que la
véez, ay fait tout mon plaisir : La belle
oyant Lyziart parler, dit à Gerard en soubz-

(a) *Assez vous tins estre Recors.* Je croy que vous
vous souvenez bien. Recors vient du Latin *recordari.*

riant. Amy pour certain au deſſus eſtes de la
gaigure. Car oncques le deſloyal n'euſt à moy
quelque atouchement villain ,  maintenant
vous povez dire Conte de Foreſt & de Beaujoloys. Lyziart ſans ſoy esbahir , ny avoir
crainte, ne paoür, à chiere (*a*) levée, paſſa
avant , & diſt au Roy , oyans tous les barons. Sire bien me puis vanter que de l'amye
de Gerard l'enfant , ay faict toute ma voulenté. A telles enſeignes que ſur ſa dextre mamelle eſt aſſiſe une belle violette inde , ainſi
comme elles meſmes le me diſt quand avec
elle couchay nu a nu , & avecques ce , me racompta que entre elle , & Gerard ſon amy
avoient fait certaines deviſes , (*b*) que ſe choſe
(*c*) eſtoit que aucun ſon couſin, ou eſtrange, ſe
povoit vanter d'avoir vû les enſeignes, que certainement croiroit ſes amours eſtre fauſſées, &
de ſa mye avoir ſa voulenté faicte. Nulz fors
eulx deulx ne le povoit ſçavoir, ſinon celui qui
l'enſeigne avoit veüe. Sire diſt Lyziart, Ainſi
comme je vous ay dit , eſt la choſe advenuë ,
vrayes enſeignes vous en dis. Et pour ce Sire
vous requiers avoir mon droit, car ſe au deſſus n'en fuſſe venu , toute ma terre euſt ga-
gnée. Et pour ce eſt celuy fol qui en femme

(*a*) *A chiere levée, paſſa avant.* Avec un regard aſ-
ſuré pourſuivir. Il vient de l'Italien *Ciera* qui ſignifie
mine , viſage.
(*b*) *Deviſes.* Diſcours, conventions.
(*c*) *Se choſe eſtoit.* S'il arriyoit.

a grant fiance de avoir mis sa terre en gaige.
Assez de fois m'en repentis, mais la mercy
nostre Seigneur j'ay tant fait que la querelle
ay gaignée.

## CHAPITRE VIII.

*Comment Gerard se partit de la Court moult cour-*
*roucé & sa mye Euriant avec luy, sans autre*
*compagnie que eulx deulx tant seulement.*

QUANT le Roy & les Barons entendirent Lyziart, & que si affirmative-
ment disoit ses enseignes, lesquelles de l'enfant Gerard n'estoient debatues, moults do-
lants & courroucez devindrent, nulz deulx
n'y eut que ung tout seult mot peust parler,
car tant aymoient Gerard qu'il ny eut celuy
qui ne larmoyast, & par especial, quant ilz
virent Euriant cheoit pasmée devant le Roy:
puis-quant par les Barons fut relevée elle gecta
un moult hault cry en disant. O tres doulce
Vierge Marie ayez pitié de ceste dolante, qui
a grant tort & desloyaulment a esté trahie,
ha Sire Gerard, ceste chose jamais ne croyez,
car oncques le desloyal n'eust de moy la joys-
sance, ne nul autre homme fors vous, mieulx
aymeroye estre arse & bruslée que à ceste vi-
lennie me fusse voulu consentir. Gerard plain
d'ire & de courroux moult fierement luy dist,

que ſon excuſance ne luy valoit riens , ma terre ay perdue par vous , aſſez recognois les enſeignes , parquoy ce qu'il a dit cognois être veritable , bien ſçavez les deviſes que enſemble avons cuës , ja n'eſt meſtier de les recorder : mais ſachez , tel loyer en arez *(a)* que à toutes autres ſera exemple. Alors les parens & couſins prouchains vindrent vers Gerard , & luy demanderent ſon intention , ne quel part il vouloit tourner en offrant de avec luy aller ne jamais le delaiſſer. Seigneurs ce diſt Gerard, ja nuls fors moy , & celle par qui je ſuis deſherité , n'y viendra ; aller m'en veuil en aucun lieu eſtrange , ou ma douleur pourray paſſer. Doncques pour prieres ne requeſtes que faire l'on ſçeuſt , Gerard ne voulut conſentir que nulz veniſt avec luy , dont le Roy & les Barons furent moult dolans , & la Coutt fort troublée , car tant aimoient Gerard grans , & petits qu'il n'y eut celluy d'eulx que de pitié ne plouraſt. Alors Gerard fiſt amener ſon deſtrier *(b)* , & le pallefroy amblant de la Damoiſelle , ſi luy commanda de monter deſſus , Elle doulante & eſplourée fiſt ce qu'il luy commanda, puis Gerard luy ſeul ſans eſcuyet monta ſur ſon cheval, que oncques ne voulut ſouffrir d'avoir compaignie d'homme , ne de femme , tant luy fut près appartenant ; à larme,

(*a*) *Tel loyer en arez.* Telle recompenſe en aurez.

(*b*) *Deſtrier.* Cheval de Guerre , de Lance , ou de Service propre à un Chevalier

& à pleurs prindrent congié du Roy, & des
Barons, si s'en partirent, mais au passer
qu'ilz firent par la ville de Melun, hommes
& femmes firent moult grant doleur ; souvent
maudissoient Lyziart par qui ceste affaire leur
estoit survenu, moult plaignoient la Damoiselle laquelle ilz veoient demener le plus merveilleux dueil du monde. Quant au dehors
de la ville furen yssus, au plustost que Gerard
peut choisir la forest, il se bouta dedens &
Euriant sa mye triste & doloreuse aloit chevauchant apres luy, que oncques ung seul mot
ensemble ne parlerent. Ainsi comme vous
oyez Gerard & sa mye Euriant se partirent de
la Court du Roy, doleans & courroucez &
Lyziart demoura joyeux & lie (*a*) de sa bonne
aventure, tant fist vers le Roy & son Conseil que la Conté de Nevers luy fut a plain dé-
livrée. Si en fist hommaige au Roy en la presence des Barons, dont les parens & amys de
Gerard furent moult dolans. Souvent maudissoient l'heure & le jour que de la Demoi-
selle s'estoit accointé. Quant Lyziart eut fait
hommaige au Roy, luy accompaigné de ses
amis print congié du Roy & se départit, en
soy tellement exploictant, que en peu de jours
arriva à Nevers ou des Bourgeois fut reçeu
à Seigneur. Mais oncques plus grant pitié ne
fut veue pour les piteux regrets de ceulx de
Nivernois faisoient de leur naturel Seigneur,

(*a*) *Lie*, content.

& de leur Damoiſelle , que ainſi avoient perdu ; des povres & des riches fut moult
fort regretté , mais à Lyziart , ne à la
faulſe vielle ne chailloit gueres , pour ce
que au deſſus de leur fait ſe veoient. Du tout
la vieille eut maniance (*a*) & le gouverne-
menr de la Conté de Nevers , tout ce qu'elle
vouloit faire Lyziart eſtoit content , ce
qu'elle vouloit , il le vouloit , grant amour
monſtroient l'ung à l'autre , mais tant eſtoit
la vieille haye par tout le pays , que ſe pour
doubte & tremeur (*b*) de Lyziart ne fuſt ,
en puys ou riviere l'euſſent gettée , pour les
maulvaiſes couſtumes & tailles qu'elle avoit
mys ſus. De Lyziart & d'elle vous lairrons
à tant & eſter (*c*) ſi parlerons de Gerard de
Nevers , & de ſa mie la belle Euriant.

(*a*) *Maniance* , Le maniement.

(*b*) *Tremeur* , Crainte du Latin , *tremere.*

Rom. de Perceval.

(*c*) *Eſter* , Attendre.

# CHAPITRE IX.

*Comment Gerard de Nevers voulut trencher le chief à la belle Euriant sa mie, en la Forest d'Orleans, & ou serpent qui luy vint courir sus. Et comment il délaissa Euriant seule en la Forest.*

Bien avez ouy par cy devant ce pitoyable departement de Gerard de Nevers & de sa mye. Apres ce qu'ilz se furent departis de Melun, eulx deux ensemble plains de tristesse & d'amertume entrerent dans une Forest, ou le jour sans & sans manger furent, jusques ce vint apres jour failly, ou ils trouverent ung petit Hôtel de povres gens ou celle nuyt hebergerent. Puis le lendemain matin se departirent en eulx tellement exploictant qu'ilz arriverent en la Forest d'Orleans. Gerard oyant que assez loingz des gens estoient & qu'il ne veoit homme ne femme fors eulx deux, il regarda sur costiere *(a)*, assez pres dung grant chemin si choisit ung moult gros chesne, ou il descendit & y fist descendre Euriant sa mie, puis attacha les chevaux à ung arbre, & vint vers elle & luy dit. Par vous & vostre desloyaulté ay perdu toute ma terre, par vous suis exillé ne jamais en Court de Roy ou de

*(a)* *Costier*, De costé.

Prince n'est bosoing de moy trouver. Sachez que jamais apres moy ne tromperez homme, aujourd'hz est venu voftre derrain *(a)* jour. La belle Euriant se mist à genoulx devant Gerard en luy requerant mercy, & que d'elle voulsist avoir compassion. O dist Gerard tres desloyalle, & mauvaise, à Brisaida *(b)* amye de Troylus ressemblez, & encores assez plus, car dame & maitresse vous avoye faicte de mes terres & Seigneuries, mais par voftre desordonnée lecherie *(c)* me avez rendu malguerdon *(d)* & pource vous payeray la desserte *[e]* que en avez gaignée. Alors Gerard en ostant amour & pitié de luy, comme celuy qui estoit remply de yre & de courroux, print la Damoiselle par les cheveulx, si tira l'épée hors du fourreau, mais ainsi comme il la cuida ferir, la Damoiselle choisit sur costiere venir une grant & horrible serpent, & dist à Ge-

(*a*) *Derrain*, dernier.

(*b*) *A Brisaida amye de Troylus.* Je ne vois pas pourquoy l'Autheur de ce Roman appelle Briseide desloyalle & par quelle raison il dit qu'elle étoit amye de Troylus, il n'en est pas dit un mot dans l'Histoire du Siege de Troye : On sçait qu'elle étoit fille de Brises, & femme de Mines Roy de Lirnesse qu'Achille tua, qu'elle fut sa Concubine, & qu'elle luy fut enlevée par Agamemnon, qui la luy rendit ensuite.

(*c*) *Lecherie*, signifie proprement friandise, ici il veut dire debauche.

(*d*) *Malguerdon*, Mauvaise récompense.

(*e*) *Vous payeray la desserte.* Je vous donnerai la récompense que vous meritez

rard, ha ha Sire pour Dieu mettez peine de vous saulver, si regardez venir vers vous une beste moult horrible & espouventable, grosse avoit la teste, & les yeulx plus ardans que feu, la queue avoit grande restercelée, [a] ha Sire dist Euriant si tost ne vous gardez, & que de cy ne vous fuyez, impossible vous est que par elle ne soyez devorez. Quant est de moy puisque mourir me convient, ne chault, soit par vous ou par la beste estre devorée, car je vois bien que aultre maniere ne puis eschapper. Alors Gerard laissa la belle Euriant, si regarda la beste tres horrible venir vers luy le grant pas. Luy, comme celuy que riens ne doubtoit la mort, conclud en soy que pour paour il ne lairroit de soy esprouver à l'encontre du tres horrible Serpent, qui gueullebée vint vers luy hettant une flamme moult horrible & puant; Gerard qui moult estoit hardy mist toute paour en sus de luy, advisant le Serpent ayant la gorge ouverte pour l'engloutir, print l'espée par la croisée, [b] si estoit le bras fort & roide, & lança son espée eu la gueulle du Serpent par telle force qu'il luy trancha le foye, si l'attaint jusques au cueur. La beste ayant sentu le coup de la mort, getta un cry si horrible que toute la

(a) *La queuë restercelée.* Il y a apparence que cela signifie retortillée.

(b) *Par la croisée.* Par la Garde faite en forme de Croix.

Foreſt alloit retentiſſant , & cheut le Serpent par terre. Alors Gerart voyant la beſte
morte , print herbes & feuilles en ſa main : ſi
tira ſon eſgée hors de la gorge du Serpent:
puis à ung petit ruiſſel d'une fontaine la eſtant,
la lava , ſi l'eſſua [a] à ſon mantel & rebouta
au foureau l'eſpée dont il l'avoit tirée.

# CHAPITRE X.

*Comment Gerard ſe miſt à genoulx en remerciant
Notre Seigneur de la grace que luy avoit faicte;
puis ſe départit de Euriant , la delaiſſant toute
ſeule.*

APres que Gerard eut occis le Serpent , il
il ſe miſt à genoulx ſes yeux levant vers
le Ciel rendiſt graces à notre-Seigneur , de ce
que au deſſus eſtoit venu du merveilleux Serpent , puis ſi penſa en ſon courage & diſt. O
vray Dieu vueillez moy aider , comment me
ſeroit poſſible d'occir & mettre à mort celle
par qui j'ay eu la vie ſaulvée , car ſe par elle
n'euſſe eſté , par la beſte euſſe eſté eſtranglé.
Certes pour riens , mal ne luy feroie , pour
la raiſon que eſt moult grande , car maintenant
tenoie l'eſpée au poing pour luy couper la teſte,
mais quant elle viſt venir l'horrible Serpent ,
pour ma vie ſauver , me diſt que je me gar-

(a) *Leſſua à ſon mantel.* L'eſſuya à ſon manteau.

daſſe, laquelle choſe jamais n'euſſe cuidé, ne
auſſi de croire qu'il fuſt femme nul au monde
qui eut le courage ne la voulenté de vouloir
ſauver & garantir de mort celuy qui la vouldroit occir, ainſi luy vouldray reſpiter [*a*]
la vie, ja ſoit ce que d'elle aye moult grant
pitié quant il convient que ſeulle eſgarée je la
laiſſai en ceſte Foreſt habandonnée aux beſtes
ſauvaiges : certes à tousjours, mais [*b*] ara
m'amour, mais nulz hommes vivans ne le
ſçaura. Icy la lairray ſans lui autre mal faire,
Dieu par ſa grace la vueille pourvoir & pardonner ſon meſfait. Il vint ver la Damoiſelle
& luy diſt : En la garde de noſtre-Seigneur te
laiſſe, en luy priant que de mal te vueille garder, & toy pardonner la faulte que vers moy
as faicte. Alors la laiſſa à tant, la toute ſeulle;
ſi monta ſur ſon deſtrier, prenant le chemin
vers la Foreſt, & la belle Euriant ſeulle & eſgarée demoura au boys moult dolante en faiſant ſes regrets piteulx, detornant ſes mains,
& tirant ſes cheveulx, diſoit las moy chetive,
à malheurs fus oncques née quant ainſi à tort
& ſans cauſe mon ami s'eſt de moy ainſi departy.

(*a*) *Reſpiter la vie.* Donner reſpit à vie.
(*b*) *Ara m'amour.* Aura mon amour.

## CHAPITRE XI.

*Comment le Duc de Mex * arriva dans la Forest
ou il trouva la belle Euriant moult dolante.*

LOrs recommença la belle son dueil en disant : Las moy chetive mieulx me vaulsist
par luy estre decolée ou devorée par le serpent;
[a] pieca m'a esté destiné que ma vie useroie
en pleurs , puis aux mains , & aux ongles des-
rompoit toute sa face ; moult pale & descou-
lourée estoit , plus jaulne devint que n'est cire;
son beau visaige tout terny & couvert de sang,
de ce que ainsi s'estoit esgratignée , mieux
sembloit estre mort que vive , alors cheut par
terre pasmée. Ainsi comme en cette pasmoison
estoit, passoit par là le Duc de Mex , luy ving-
tiesme de Chevaliers, lequel venoit tout droit
de Sainct Jacques. Ce jour avoit disné à Boy-
gency. Ainsi comme il approcha de la Forest
d'Orleans, il entra en ung grand chemin , si
vit sur dextre ung pallefroy attaché à une
branche. Puis regarda & vit ung moult grant
serpent & horrible. Apres regarda & vit une
Damoiselle gisant par terre , aux draps qu'elle

* *Mex* , Metz.
   (a) *Pieça ma esté destiné* , c'est-à-dire , Il y a long
temps que je suis destinée. C'est comme s'il y avoit ,
*Piece a de temps , que*          *Borel.*

avoit veſtus , luy ſembla eſtre de moult hault
(*a*) affaire , par quoy il fut en moult grant effroy , penſant en luy que par le Serpent la
Damoiſelle euſt eſté morte , mais trop s'eſmer-
veilloit comment , ne par quelle manière le
Serpent avoit eſté occis. Il appella ſes Chevaliers ſi leur diſt. Seigneurs cy devant povez
veoir la greigneur (*b*) merveille du monde. Regardez l'horrible ſerpent , & cette gente pucelle là giſant morte par ceſt ennemy : ſe peut
eſtre que à ſon amy avoit mys jour (*c*) & heure,
& que icy en ceſte foreſt l'alloit attendant.
Ainſi comme le Duc s'alloit deviſant à ſes
Chevaliers , la belle Euriant revint de pâmoi-
ſon en ſoy eſmerveillant de ce que ſy pres
d'elle veoit tant de gens. Au mieulx qu'elle
peut print ſes yeux & ſon viſaige à nettoyer,
qui tous eſtoient couvers de larmes & de
larmes & de ſang. Quant le Duc la vit vive,
& que point n'eſtoit morte , en luy eut moult
grant joye , tres deſirant ſçavoir & ouyr d'elle
quelle adventure l'avoit là amenée : pour en
ſçavoir la verité miſt pied à terre , ſi ſalua
moult courtoiſement la Damoiſelle : mais ung
ſeul mot ne luy reſpondit pour le cueur qu'elle
avoit ſi eſtraint. Moult fort en commença de
plourer & ſoy plaindre , en blaſmant ſa dou-

(*a*) *De haulte affaire* , de grande condition.
(*b*) *Greigneur* , la plus grande.
(*c*) *A ſon amy avoit mis jour & heure*, Avoit donné rendez-vous à ſon amy.

lente vie : le Duc moult doulcement la print
à reconfortet & luy dift : Belle je vous prie
que dire me vueillez la cauſe de voſtre doleance. La belle Euriant aux yeulx plains de
larmes luy reſpondit en diſant. Sire je vous
prie que me laiſſez eſter: (*a*) grant peché faictes
de vous icy arreſter pour ſçavoir ny enquerir de ma grant malheureré. Je ſuis une povre eſgarée & exillée, plus deſirant la mort
que la vie : par moy autre choſe ne povez ſçavoir : mais ſe par vous ou vos gens eſtoye (*b*)

(*a*) *Eſter* , demeurer.

Et me laiſſez en pez * eſtre.

* En paix.
Perceval.

[*b*] *Se par vous ou vos gens eſtoye occie* , &c.
Voilà une theologie morale , pratique aſſez ordinaire ,
& qui eſt encore d'uſage aujourd'hui : d'abord que l'on
eſt accablé de malheur , on ſouhaite la mort , mais
quand on en vient à l'exécution , il faut renvoyer ces
gens-là à la Fable du bucheron & de la mort.

Au reſte , voici une maniere bien ſinguliere de vouloir échapper à l'amour d'un homme : je ne crois pas
qu'il y eut aujourd'hui beaucoup de femmes qui vou-
luſſent à un tel prix rejetter les ſoins d'un grand Seigneur , en ſe deshonnorant dans ſon eſprit par de pa-
reils diſcours. Et le Duc de Mex nous eſt donné ici
comme un homme bien peu délicat , puiſqu'il n'eſt
pas rebutté du recit de la conduite d'Euriant , qu'il
l'emmene avec lui , & la met auprès de la Princeſſe
ſa ſœur.

Plus que devant fut de ſon amour épris.

Les charmes des précedentes parolles d'Euriant me
ſont inconnus , & il me ſemble que le Duc de Metz
en devoit être bien plûtôt dégouté.

occie , grant merite vers Dieu en pourriez
acquerir. Le Duc oyant les piteuses complaintes de la belle Euriant , eut en luy moult fort
à regarder par le visaige , si luy sembla que
oncques jour de sa vie plus belle creature ne
mieulx formée il n'avoit veüe : & dist en luy
mesme se de ses gens ne cuidoit estre blasmé ,
il la prendroit à femme , & la feroit Duchesse
de Mex & de Lorraine : & dit que aux ha-
billemens qu'elle portoit apparoît estre de
grand & noble lieu yssuë : & que par honneur
ung grant Roy la pourroit prendre ; moult
fort en son cueur la print à aymer desirant
son acointance , luy dist : Belle , or tost levez
vous sus , sans prendre en vous quelque ex-
cusance , montez dessus vostre pallefroy avec
moy , & en ma Terre vous convient venir ,
grant joye ay en mon cueur de vous avoir
trouvée , oncques à nul jour , si grant heure
ne vous advient , car à femme vous vouldray
prendre , parquoy vous serez Dame & Duchesse de la bonne ville de Mex & toute Lorraine. Quant Euriant entendit le Duc , oncques mais ne fut plus dolante. Si dist au Duc
à voix basse : Sire ja Dieu ne vueille consentir que cest honneur me faciez , car se la verité sçaviez de mon fait , & la vie que j'ay
menée , avant ce que me prinsiez à femme
me feriez ardoir ou enfoüyr , car oncques
plus desloyalle , ne plus maulvaise ne fut que
tout le temps de ma vie ay esté. Verité est

que environ sont trois ans passez que je de-
vins femme commune , pour ma maulvaistié
fus appellée legiere. [*a*] Mon pere fut charreton ; [*b*] n'a gueres de temps qu'il fut pendu & estranglé. Puis après ay esté amye d'ung
larron , lequel m'aymoit tres-fort : tout ce
qu'il povoit tollir & embler , [*c*] il le mettoit sur moy ; si riche robe n'estoit se avoir
la vouloye , que tantost ne la me fist delivrer , fust de soye ou d'autres fins draps ,
foureute de ver ou de gris , ainsi comme bon
il me sembloit. Si advint par une adventure
que cette robe que me voyez avoir vestuë ,
il l'avoit nouvellement emblée ; & tant qu'il
fust apperceu au partir que fismes d'Orleans,
luy & moy fusmes poursuivis tant que en
courant son cheval tumba par terre , si fust
pris , & moy lasse malheureuse eschappay ,
& suis icy venuë , dont c'est moult grand
dommaige. Sire , de telle femme que je suis
n'avez mestier , car pour riens ne pourroie
laisser la vie que j'ay tout temps menée. Le
Duc en la regardant luy dist que telle excusa-
tion ne lui avoit mestier de faire , de tout
ce que dit m'avez , ne m'en chault , mais que

(*a*) *Legiere* , facile.
   *Et moult sera legiere à faire.*      *Perceval.*

(*b*) *Charreton* , Cocher ou chartier.      *Borel.*

[*c*] *Tollir & embler* , prendre & dérober.
                                     *Perceval.*

d'ici en avant vous vous gardez. [*a*] Sire,
se dist Euriant, sachez que envys [*b*] meurt
qui appris ne l'a ; trop me greveroit & seroit
estrange de laisser la vie que tout temps ay
voulu mener , certes pour riens ne m'en tien-
droye ; moult grant folie avez emprise qui,
cuydiez tant faire par vos paroles de moy
destourber [*c*] à mener une vie que j'ay accoustumée.

[*a*] *Mais que d'ycy en avant vous vous gardez*
pourvû que doresnavant vous soyez sage.

(*b*) *Envis meurt qui apris ne l'a.* Il y a apparence
que cela signifie ; *Dans le vice meurt , celui qui n'a
pas appris à vivre autrement.* Si l'on n'aime mieux
que cela veut dire. *Celui-là meurt malgré lui qui n'a
pas appris à mourir* ; mais le premier sens me paroît
le plus naturel.

[*c*] *Destourber* , détourner.

---

# CHAPITRE XII.

*Comment le Dux de Mex emmenat la belle
Euriant voulsist-elle ou non.*

QUant le Duc entendit la Damoiselle, plus
que devant fut de son amour espris. Il
la saisit par la main , si luy dist : Belle , tout
ce que dictes , ne vous y vault , vos excusa-
tions & vos complaintes ne vous y peuvent
profiter ; car il convient que avec moy vous

en venez , ſoit voulentiers ou envis. [*a*] Alors
le Duc la fiſt monter deſſus ſon pallefroy par
quatre Chevaliers qu'il fiſt deſcendre : puis
ſe mirent à chemin. La belle Euriant demenoit grant deuil pour ſon amy Gerard , dont
ainſy eſtoit deſſevrée : grant pitié étoit de la
veoir , tant que aulx Chevaliers du Duc prindrent pitié & contrediſoient , afin que bien
ſe gardaſt de la prendre à femme : car bien
veoient que c'eſtoit une povre femme , en
luy diſant que aſſez de plus belles en trouvera en ſon pays. Sire , diſoient les Chevaliers , deportez-vous de ceſte folle, ſy l'en laiſſez aller où elle vouldra. Quant le Duc entendit ſes Chevaliers eulx efforcer de luy blaſmer la Damoiſelle en laquelle il avoit ſon
amour miſe , leur deffendit de lui plus en
parler , & que pour eulx ne autre homme vivant il ne ſe déporteroit. Les Chevaliers
oyant la voulenté de leur Seigneur , ſe teu-
rent ſans plus luy parler , & ſe miſrent à
chemin : le Duc regardoit Euriant , & tant
plus la veoit , tant plus y mettoit ſon amour,
deſſus elle ne povoit oſter les yeulx ; mais

[*a*] *Envis* , malgré vous, du Latin *invitus.*
  *Deſſevrée* , ſeparée, d'où eſt venu le mot , ſevrer,
parce qu'on ſepare ordinairement l'enfant d'avec la
nourrice.

  *Il fut pieca fait un nouvel Statut en l'Egliſe*
*qui deſſevra l'Ordre de Mariage de la Preſtriſe.*
                              *Alain Chartier.*

la belle Euriant en chaloit [b] bien peu, ains pleuroit & faiſoit ſes regrets quant de ſon amy Gerard avoit ſouvenance : le Duc au mieulx qu'il povoit l'aloit reconfortant ; mais pour priere qu'il luy ſçeuſt faire, elle ne voulut ſon dueil deporter. Tant s'exploicterent de chevaucher, paſſant par Villes & Chaſteaulx, que en mains [b] huit jours arriverent à Mex en Lorraine, où le Duc fut moult bien reçeu de ceulx de la Ville, & de tout le pays environ : la belle Euriant bailla en garde à une ſienne ſeur, dont elle fut moult aymée pour la bonté d'elle. Souvent le Duc l'aloit veoir, eſperant lui faire oublier ſon dueil, mais touſjours la Belle s'excuſoit, de laquelle pour le preſent vous lairray à compter, & parlerons de Gerard de Nevers, qui ſeul s'en alloit chevauchant.

[a] *En chaloit bien peu*, ne s'en ſoucioit gueres.
(b) *En mains huit jours*, en moins de huit jours.

# CHAPITRE XIII.

*Comment Gerard au partir qu'il fiſt de ſa Mye qu'il avoit laiſſée en la Foreſt, vint er. Nivernois en ung villaige que alors on nommoit la Marche, en l'Hoſtel d'un Jongleur [*] qu'il coignoiſſoit.*

A Inſy comme par cy-devant avez ouy, Gerard de Nevers s'eſtoit party de ſa mye Euriant, & l'avoit laiſſée en la foreſt toute ſeulle, dont il avoit plus de deplaiſir que de ſa Terre avoir perduë. Souvent aulx

(*) *Jongleur* vient du Latin, *joculator*, qui donne aux autres du plaiſir. On appelloit ainſi les Poëtes qui ne faiſoient que des petits poëmes, qu'ils alloient reciter avec des geſtes ridicules, ou avec la voix, ou avec des inſtrumens de muſique chez les grands Seigneurs pour les réjoüir pendant le repas. Les Grecs ont pratiqué la même choſe, & on l'aſſure d'Homere.

> *Cil jugleour en piez eſturent.*
> *Se ont vielles & harpes priſe.*
>   *Tom. du tournoyement de l'Antechriſt.*

On voit par ces Vers que la vielle étoit un inſtrument de conſequence parmi les Anciens : on donnoit quelquefois des habits à ces Muſiciens après qu'ils avoient diverti quelque temps le Grands.

> *Appartient à ces Jongleours*
> *Et à ces autres Chanteours,*
> *Qu'ils ayent de ces Chevaliers*
> *Les robes, car c'eſt leur meſtier.*
>   *Le Fabl... Roſe vermeille.*

yeulx pleins de larmes alloit regrettant sa mye
en disant: O tres-noble Jouvencelle, que ores
suis pour vous dolant & marry : de vous cui-
day avoir fait ma femme, mais pas ne suis
seul de avoir esté par femme deçeu. Salomon

On appeloit encore ces Jongleurs , *Conteours* , *Trou-
vaires* , & *Trouvadeurs* , c'est-à-dire, les Inventeurs
de Romans. Il y avoit aussi des femmes qui se mê-
loient de ce métier. Et Borel en cite une appellée *Marie* de France qui traduisit en Vers François d'après
l'Anglois , les Fables d'Esope.

> *Au finement de cet Ecrit*
> *Me nommeray par remembrance ,*
> *Marie ay nom , si suis de France.*

Ces Jongleurs & Troubadours tirent leur origine de
la Provence. Et ce furent eux qui introduisirent le Parlement d'Amour. Il s'exercoient dans leurs Poësies en
une certaine maniere d'Ouvrage qu'ils appelloient *sir-
vantes & tansons* : les premieres étoient des Satyres
contre toutes sortes de gens, & les secondes des de-
mandes ingenieuses sur l'amour & sur les Amans. Dans
ces especes de disputes ils introduisoient en forme de
dialogue, deux ou trois Poëtes qui agitoient des questions d'amour , & après avoir déduit toutes les raisons
qu'ils avoient les uns contre les autres pour soûtenir
leur cause , ils convenoient de les faire juger par les
grands Seigneurs , & par les Dames de la Cour de Provence , qu'ils establissoient eux-mêmes pour décider
les questions amoureuses contenuës dans leurs tansons.
Comme les disputes étoient frequentes , & que les Seigneurs & les Dames jugeoient très-souvent de pareilles
causes , ils voulurent remplir leur Jurisdiction , & connoître de tous les differents qui arrivoient entre les
Chevaliers & les Demoiselles de la Provence , & ne
negligeoient pas même celles qui se formoient entre
les Bourgeois & le Peuple , en sorte que la réputation

qui tant avoit de sapience reçeut par femme
maint dommaige : Sanson, le plus fort homme qui oncques fut né depuis le deluge, sem-
blablement fut par sa femme trahy, & maint
autres dont icy ne fay mencion. Celui est fol,
& doit pour fol estre tenu, de soy en amours
trop asseurer ; nul ne doit sa mye essayer, ains

& l'équité de leur jugement faisoit que cette Cour
étoit consultée de toutes les parties de l'Europe : aussi
étoit-elle composée de tout ce qu'il y avoit de plus
considerable dans la Cour des Princes de Provence de
l'un & de l'autre sexe. Cette Cour de Parlement d'Amour
residoit en la Ville d'Aix, & dans l'Automne elle alloit aux lieux de *signe* & *de Pierreseu* prononcer les
Jugemens qu'elle avoit ordonné, parce que les Dames *de signe* & *de pierreseu*, jeunes veuves de cette
Cour étoient en une plus grande liberté dans leurs
Terres que les autres Dames qui assistoient avec elles
à ces jugemens. Ce Parlement étoit si illustre que les
plus grands Princes de l'Europe faisoient gloire de
venir s'y faire recevoir ; & on trouve dans les Annalles
de Provence que le Roi Alphonse d'Arragon, le Roy
Richard d'Anglererre, & le Comte Berenger avoient
souvent été élus Princes de cette Cour, & que c'étoit
une Charge annuelle. Plus de 200 ans après Martial
d'Auvergne, qui fut Procureur en Parlement en 1480.
fit quantité de Jugemens à l'imitation de ceux-là, &
les publia sous les titres d'Arrêts d'amour. Et un sça-
vant Jurisconsulte nommé Benoît Lecour y fit long-
temps après de très-doctes Commentaires en Latin,
qui ne parurent qu'en 1533.

*Nostradamus, Vie des Poëtes Provençaux.*
*Sauchet, Pasquier, Caseneuve de l'origine*
*des Jeux Floraux de Toulouse, Memorial de*
*litterature de Salingre.*

la doit laiſſer en paix , ſans l'eſprouver en
nulle maniere : Je le dis , pour moy las oncques ne m'en ay ſçeu garder ! Puis après qu'il
eut dit & fait ſa complainte , moult tendre-
ment en commença de plourer , en plaignant
le corps , la beaulté & humilité de ſa mye ,
pluſieurs jours en ſoy deſconfortant & demenant grant deuil s'en alloit vau-errant [a] par
Villes , par champs & par foreſts , & tant
que à voulenté luy vint de tyrer vers Nevers ,
dont autresfois avoit eſté Seigneur , diſant en
luy-meſme que ſoit folie ou ſçavoir , il yra
veoir & adviſer comment Lyziart ſe contient
en ſa Terre , que faulcement avoit gaignée.
Tant chevaucha par valées & montaignes ,
qu'il arriva à la Marche ſeant ſur la riviere de
Loyre , où pour le temps avoit un fort Chaſtel : ſi ſe vint loger au plus celeement [b] qu'il
peut , en une maiſonnette ung peu arriere
de la Ville , où pour le temps eſtoit demourant ung Jongleur , auquel par pluſieurs fois
avoit fait maint bien , & donné robes &
fourrures. Quand Gerard entra leans ; [c] du
Jongleur & de ſa femme fut moult bien recongneu , tres-joyeulx de ſa venue & moult
deſplaiſans de ſon infortune , moult bel &
liement [d] à leur povoir le reçeurent. Amis, ce

[a] *Vau-errant,* c'eſt-à-dire , errant par les vallées.
[b] *Celeement* , ſecretement.
[c] *Leans* , dans la maiſon du Jongleur.
[d] *Liement* , avec joye.

dist Gerard , de ma venuë vous prie ne faites
semblant nul. Sire , ce dist le Jongleur , de
ce vous convient doubter que le die à homme
du monde. Quand le cheval fut appresté , ilz
vindrent en l'hostel , où la femme avoit mis
la table , & apporté & mis sus ce qu'ilz avoient
à manger. Ilz s'assirent tous trois au soupper,
où ilz burent & mangerent à leur plaisir :
puis après ce qu'ilz eurent souppé & bien
pensé du destrier , [a] ils s'allerent reposer &
dormir jusques ce vint le lendemain matin.
Gerard se vestit & chaussa , si appella l'oste &
luy dist que l'une de ses vieilles robes luy vaulsist prester , ung chappel [b] & ung chaperon,
pour ce qu'il faisoit moult lait de pluye &
de vent. Puis luy dist que sa vielle luy prestât,

[a] *Pensé du destrier* , que le cheval eut été pensé.

[b] *Chappel & chaperon.* Chapel vient de *chape*,
mot ancien qui signifioit une robbe , & de-là vient
*chapeau & chaperon* ; car cette robbe avoit un capuchon pour mettre la tête. Ce doit être certainement
ce que l'Auteur a entendu ici par ces mots. Au reste
chaperon selon *Pasquier* , étoit une espece de coëffure
que les Grands portoient sur leurs têtes ; on se la cou-
vroit comme d'une coëffe ? le bourelet l'environnoit
sur le derriere , & le reste se retroussoit sur le sommet,
ensuite l'on environnoit le front & le col des cotés
du chaperon qui pendoient en bas. Après que l'usage
de porter des chaperons sur la tête fut aboli , on les
porta quelque temps sur l'épaule , comme sont encore les Magistrats & les Avocats. On l'appelloit encore
en Latin *Capulare* , & c'est de-là que sont venus les
Aumusses que les gens d'Eglise portent sur leurs bras.

*Borel , Nicod , Alain Charlier.*

dont Gerard sçavoit moult bien jouer & de tous autres instrumens, fust de lut, de harpe ou de psalterion, de chascun se sçavoit esbatre. Le Jongleur au commandement de Gerard apporta robbe, chappel & chaperon, puis luy pendit la vielle au col & lui dist : Sire, advis m'est que autrefois avez esté du mestier.

# CHAPITRE XIV.

*Comment Gerard vint à Nevers, où il chanta devant Lyziart la vielle au col.*

APrès ce qu'il eut la vielle pendue à son col, le Jongleur lui apporta unes houfettes [a] si les y chauffa, pour ce que le temps estoit moult ort, & faisoit maulvais cheminer à celuy qui pas ne [b] l'avoit appris : puis tout en riant Gerard print congé de son hoste & se mist à chemin, en tirant à Nevers : tant alla à pied sans cheval en passant plaines & montaignes, moult las & travaillé comme celuy que pas ne l'avoit accoustumé, entre de-

[a] *Unes houfettes*, brodequins, bottines ou bas de chausse contre le froid, la pluye & la crotte. Dans le *Catholicum parvum* on trouve *Ozatus*, pour dire, chausse, il vient de l'Allemande *hose*, qui signifie chaussure.                                *Nicod.*

[b] *Qui pas ne l'avoit appris*, qui n'avoit pas coûtume de marcher à pied.

dans la Cité de Nevers, ou au paſſer qu'il fiſt par la ville ouyt pluſieurs Bourgeois qui diſoient l'ung à l'autre : *Ce Jongleur ſe tra-veille bien en vain ; car tout le jour il pourroit vieller & chanter, avant ce qu'il trouvaſt hom-me qui eſcouter le voulſiſt. Car oncques depuis la grant perte que fiſmes de Gerard & de Eu-riant ſa mye, n'euſmes plaiſir, & fut toute noſ-tre joye perduë, notes, chançons, balades, ne chant d'oyſel ne ſeront jamais dedans Nevers voulentiers eſcoutées, au moins en tant que le traiſtre Lyziart ſera en vie, ne qu'il ayt jamais la Terre en ſa garde.* Gerard les entendit moult bien : il chemina tant par la ville, la vielle au col, qu'il vint en l'Egliſe ſainct Cire, où il fiſt un moult devote Oraiſon vers noſtre Sei-gneur, en luy priant que reconforter & ayder voulſiſt ſa mye. Puis après ſe partit de l'Egli-ſe, ſi vint vers la porte du Chaſtel, où il s'aſſiſt en attendant d'être par aucun appellé. Si advint que ung Chevalier entra leans, ſi l'appella & luy diſt. Amy, venez à mont en la Salle, ſi jouerez de voſtre meſtier devant Monſieur qui eſt au diſner aſſis. Sire, ce diſt Gerard, moult voulentiers me chaufferoye, car d'aller à pied ſuis las & traveillé. Et Ly-ziart le oyant ſoy excuſer qu'il avoit froit, luy diſt tout hault : il n'eſt danger que de vi-lain, le dyable vous a icy apporté, pendu ſoit-il qui meshuy vous en priera. Alors Ge-rard, qui moult eſtoit deſcongneu par une

herbe dont il s'estoit frotté le visaige & les
mains, saillit avant & atrempa *(a)* sa vielle,
si dist en luy-mesme : En Jongleur est mauvais
mestier, car tant plus aura froid & mesaise,*(b)*
de tant plus on le semondra de chanter ; je
n'en ay talent, *(c)* & si le me convient faire,
puisque l'ay empris, ja soit ce que je n'aye pas
apprins de chanter & vieller ensemble. Alors
moult doulcement en commença de chanter
& vieller ensemble à moult cler son & doux
une chançon de Guillaume d'Orenges, *(d)*

[*a*] *Atrempa sa vielle*, accorda sa vielle.
[*b*] *Mesaise*, mal à son aise.
[*c*] *Talent*, volonté, desir.

    *Agamemnon tint Brisens*,*
    *Longuement en fit ses talens.*

* *Briseis.*                    *Ovide manuscrit.*

[*d*] Borel dans le Catalogue des anciens Poëmes François & autres livres tant manuscrits qu'imprimez
cite le Roman de *Guillaume* au courb nez, c'est-à-
dire selon lui, au nez aquilain. L'on prétend que le
premier Comte, ou Prince d'Orange, étoit Guilleaume
Premier du nom, surnommé, au cornet, c'est-à-dire,
au cors de chasse, qui compose encore aujourd'hui
les Armes d'Orange : d'autres l'appellent au court
nez, parce que dans un combat il avoit eu le bout du
nez emporté d'un coup d'épée. Il est difficile de
prouver ces faits, mais ce que l'on croit communé-
ment, c'est que ce Prince que l'Autheur n'appelle ici
que Marquis, fut consideré de Charlemagne vers l'an
806. qu'il eut deux femmes, & qu'il laissa trois fils
morts sans posterité. Il y a tout lieu de présumer que
la chanson dont il est ici fait mention, est tirée de ce
Roman cité par Borel.

le Marquis au court nez , ainſi & par la maniere qui s'enſuit.

## CHANCON.

GRant fut la joye en la Salle à Laon ,
Moult y eut tables , oyſeaulx & venoiſon ;
Qui qu'en mangaſt la chair a le poiſſon,
Oneques à Guillaume ne paſſa (a) le manton ,
Ains mangea tourte (b) & beut eaue à foiſon.
Quant ont mangé le Chevalier , Baron ,
Les nappes oſtent Sergent (c) & Eſchancon ,
Le Queux (d) Guillaume miſt le Roy à rai-

(a) *Oneques à Guillaume ne paſſa le menton :*
c'eſt-à-dire , aucun de ces mets n'alla juſqu'à la bouche
de Guillaume.

(b) *Tourte.* Ce mot eſt pris ici pour tourteau , qui
dans le pays Lyonnois ſignifie du pain bis , & dans
beaucoup d'endroits , un gâteau de pâte ſans levain :
il vient du Latin *torta* , qui ſe diſoit d'une eſpece de
Pain tortillé.                    *Dict. de Trevoux.*

[c] *Sergent* ſe prend pour valet , & vient ſelon Paſ-
quier du Latin *ſerviens.*

Ont ſi ſerjant la table oſtée.
                              *Perceval.*

Dans la Bible hiſtoriaux Moyſe eſt appellé *le Ser-*
*gent Dieu* , pour le Servant Dieu.

[d] *Le queux Guillaume.* Il y a apparence , ſuivant le Roman , que Guillaume d'Orange faiſoit le
grand Queux ſous Charlemagne & ſous Louis Premier,
dit le Debonnaire , ſon fils. Le grand Queux comman-
doit tous les Officiers de cuiſine de la bouche du Roy :
c'étoit une Charge très-conſiderable. Le Pere Anſel-
me , qui rapporte les noms de tous les grands Queux ,

*ſon.* (a)
*Qu'as-tu penſé , gentil filz à Charlon ?* (b)
*Secourez-moy vers la Gente Mahom ;* (c)
*Ja deuſſent eſtre les oſt à Charrion.* (d)
*Et diſt le Roy , nous nous conſeillerons ,* (e)
*Et le matin ſçavoir le vous ferons.*
*O le Guillaume ataint* (f) *comme charbon :*
*Comment , Sire , en plaidera-on* (g) *dont ?*
*Eſſe la fable du Leu* (h) *ou du Mouton ?*

ne nomme le premier appellé Robert , qu'en 1060.
long-temps après Charlemagne , ſous Henri I. Roi
de France : & le dernier , Louis de Prie , Seigneur de
Buzançois ſous Charles VIII. en 1490. Cette Charge
fut ſupprimée depuis , & le nom de Queux n'eſt plus
un titre de Dignité.

[a] *Miſt le Roy à raiſon.* Se mit à raiſonner avec
le Roi.

[b] *Gentil fils à Charlon.* Il y a toute apparence
qu'il s'agit ici de *Louis I.* dit *le Debonnaire* , & que
c'eſt comme ſi Guillaume lui diſoit : *Et bien aimable
fils de Charles, qu'as-tu enfin reſolu au ſujet de ce qui
me concerne ?*

[c] *Secourez-moi vers la Gente Mahom.* Donnez-
moi du ſecours contre le Mahometans.

[d] *Ja deuſſent eſtre les oſt à Charrion.* Il y a lieu
de croire que cela veut dire , Vos armées devroient
déja être à *Charia* , ville de la Morée , qu'ancienne-
ment on appelloit *Micenée.*

[e] *Nous nous conſeillerons.* Nous prendrons avis
de notre Conſeil.

(f) *Attaint.* Enflammé.

[g] *En plaidera on donc ?* Faudra-t'il que cette que-
ſtion ſoit agitée dans votre Conſeil.

[h] *Eſt-ce la fable du Leu ou du Mouton ?* Il
n'y a de la fable du Loup & du Mouton que celle où

*Puis se baissa, si print un gros* (a) *baston ;*
*Si dist au Roy : Vostre* [b] *Fief vous rens dont ;*
*Ne quiers de vous tenir ung esperon :* [c]
*Ne vostre amy ne seray, ne vos hom,* [d]
*Et si viendrez où vous vueillez* [e] *ou non.*

le Loup se plaint que l'Agneau trouble son eau, & dont, selon *la Fontaine* la morale est, que *la raison du plus fort est toûjours la meilleure.* C'est à peu près ce que Guillaume veut dire au Roi.

*Si print un gros baston.* Il y a apparence, que Guillaume d'Orange releve ce bâton dans l'intention de se mettre en défense, en cas que le Roy offensé de ses discours, eût ordonné que l'on s'en saisît.

(b) *Vostre Fief vous rens dont.* Puisque vous ne voulez pas me défendre contre mes ennemis, je vous déclare que je ne suis plus dépendant de vous, & que je vous rends votre Fief.

(c) *Ne quiers de vous tenir ung éperon,* c'est-à-dire, Je fais peu de cas de vous servir en qualité de Chevalier, parce que celui qui faisoit un Chevalier lui chaussoit l'éperon.

(d) *Hom,* Votre homme, c'est-à-dire, votre vassal.

(e) *Et si viendrés, ou vous vueillez ou non :* Venez à mon secours ou non, je m'en soucie fort peu.

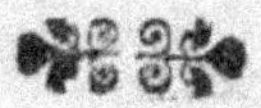

## CHAPITRE XV.

*Comment Gerard s'alla chauffer derriere le Comte,*
*où il ouyt parler la Vieille, la maniere*
*comment elle avoit trahy sa mye Euriant.*

APrès ce que Gerard eut finé sa chançon,
il vint vers le feu qui estoit moult gránt
pour se ressuer [a] & aiser. Si se vint bouter
au derriere de Lyziart & de la malle vieille,
qui estoit assise auprès de luy. Gerard regardant par leans apperçeut assez qu'il n'y avoit
ordre ne [b] conroy, & que tout estoit ha-
bandon. Alors la vieille Gondrée en commença
moult fierement à parler au Conte Lyziart.
Si luy reprocha & dist en cette maniere, que
par elle & par son pourchas [c] il estoit Conte
de Nevers, & que à tort & à mauvaise cause
elle avoit trouvé la maniere de trahir sa bonne Maistresse, qui riens ne luy avoit messait;
& à Gerard osté sa Terre, par quoy eulx
deux estoient allez en exil : puis quand vous
véez que du tout estes au dessus de vous, ne

(a) *Ressuer & aiser,* Se ressuyer de la pluye & se
mettre à son aise.
(b) *Conroy,* ordre.
  *Sans tenir voye ne conroy*
                                            *Froissard.*
(c) *Par son pourchas,* par son moyen.

voulez faire chofe que vous requiers. Lyziart faichant que verité luy difoit , moult
courtoifement refpondit qu'elle luy difoit
[*a*] voir : fy luy promift fa foy , que à tousjours mais fa Terre & fon avoir habandon-
noit , & luy dift : Dame , je congnois &
fçay pour certain , que fe ne fuffiez , j'euffe
ma Terre toute perdue. Car oncques de la
belle Euriant je n'euz mon plaifir ne ma voulenté accomplie , dont il me déplaift. Au
fort (*b*) puifque ainfi eft , & que autrement ne
peult eftre , me doit fouffire : puifque j'ay
toute fa Terre , ne me chault ; puifqu'elle eft
mienne & par vous m'eft venu ce bien , rai-
fon eft que je le recongnoiffe. Gerard luy
eftant au feu , efcouta & ouyt tout au long
ce que Lyziart avoit dit , que oncques
de luy ne fe prindrent garde. Ja foit ce que
les paroles qu'ilz dirent & proferent enfemble la vieille & Lyziart , leur feroit en
la fin chier venduës , ainfi comme cy après
pourrés ouyr en cefte Hiftoire. Alors que
Gerard eut ouy & entendu la maniere comment luy & fa mye avoient efté trahis , au
pluftoft qu'il peuft fans congié prendre fe
departit de la Court & devala les degrez , &
vint en la Ville , où il n'arrefta riens , jufques à ce qu'il vint à la porte , fy faillit dehors , & vint aux champs la vielle en fon

(*a*) *Voir* , vrai.
(*b*) *Au fort* , au refte, cependant.

col,

col, tant lies (*a*) & joyeulx des nouvelles qu'il
avoit ouyes, que oncques ne fina de troter
ne de courre jusques à ce qu'il vint à la Marche, où il fut receu du Jongleur & de sa
femme en grant liesse, lequel luy vint à
l'encontre, & luy demanda comment il avoit
fait, & pourquoy si tôt il estoit revenu. Amy,
ce dist Gerard, j'ay espoir que assez à temps
le sçaurez, mais non pas si tost comme je
vouldroye. Alors Gerard entra leans, luy
qui avoit grant fain, s'assist à table avec son
hoste & hostesse, où ilz sierent de ce que Dieu
leur avoit donné la meilleure chere qu'ilz
peurent. Après ce qu'ilz eurent souppé &
prins leur reffection, ils se allerent dormir :
mais Gerard ne sist que penser, bien peu
dormit cette nuyt. Puis quant il vit le jour
apparoir, il se vestit & atourna ; le Jongleur
luy appareilla son destrier & luy mist la selle,
puis print la bride sy le tira hors de l'estable.
Alors Gerard prit congé de son hoste & hostesse, eulx remerciant de la bonne chiere
que faite luy avoient. Il monta sur son destrier, & se mist à chemin en soy moult esba-
hyssant, en quel lieu ny en quelle contrée il
pourroit de sa mye sçavoir vrayes nouvelles,
ne scet quel part il la puist querre, [*b*] de yre
& de deuil prist à trembler en menassant Lyziart, affermant en son couraige ; se sa mye

[*a*] *Lies*, content.
[*b*] *Querre*, chercher.

peult trouver , que corps à corps luy vouldra
prouver qu'il a ouvré comme un defloyal
traiftre.

---

# CHAPITRE XVI.

### *Comment Gerard de Nevers arriva en un Chaftel en Ardene.*

AInfi comme vous oyez , Gerard l'enfant,
pensif & trifte , alloit chevauchant par
plufieurs contrées. Si vint en Bourgongne , où
il enqueroit fçavoir nouvelles de Euriant fa
mye. Quant là n'en peut ouyr nouvelles , il
vint à Paris , puis paffa oultre , & prift à chevaucher par France & Picardie ; puis vint par
le pays d'Ardene , tousjours enquerant de ce
que plus eftoit d'ennuy. Si advint que après
ce qu'il eut plufieurs journées chevauché ,
ainfi comme à ung [*a*] vefpre , il choifit [*b*]
ung Chaftel fur une riviere moult fort , &
bien mys à deffenfe ; à le veoir & le pays d'a-
lentour fembloit eftre en guerre , car à deux
lieues entour ne veoit riens labouré , fors
maifons arfes & bruflées. Après choifit deux
hommes armez , montez fur deux jumens ,
tenans leurs efpées en leurs poings , l'efcu au
coufté , ainfi comme fe tous fe deuffent com-

(*a*) *A ung vefpre* , fur le foir.
(*b*) *Choifit* , vit de loin.

battre. Ilz eſtoient ſur le pont [*a*] tournez :
puis aſſez toſt après en vindrent quatre, tous
eſtans à pied moult bien armez & emba-
ſtonnez. Gerard vint vers eux, ſi les ſalua
moult courtoiſement ; il leur pria & requiſt
que pour la nuyt le voulſiſſent herbergier :
ilz luy reſpondirent, que à leur povoir ilz
le feroient moult voulentiers ; mais bien ſa-
voient que de luy auroient ja (*b*) gré, pour
ce que à tel meſchief avons à vivre que impoſſible nous eſt de longuement entretenir, que
nous n'ayons les chiefs couppez ; car tant fort
avons eſté oppreſſez de nos ennemis, que en
trois ans n'avons peu cueillir ne ſemer ung
muy de blé en terre, & nous faict mal de
vous heberger, pour ce que bien nous ſem-
blez homme de moult hault affaire. Seigneurs,
ce diſt Gerard, puiſque l'hoſtel me voulez
preſter ceſte nuyt, je vous remercye. Gerard
entra dedens, & paſſa le pont, que quatre
Seigneurs leverent après luy : deulx Chevaliers le menerent au Donjon ; les autres prindrent ſon deſtrier, ſi le menerent en l'eſtable
où il n'y avoit orge ny avoyne, fors ung peu
de foing qui luy donnerent à mengier. Quant

(*a*) *Sur le pont tournez*, ſur le pont tournant, le
pont levis.

(*b*) *Mais bien ſçavoient que de luy auroient ja gré*,
mais bien voyoient qu'ils auroient lieu d'être ſatisfaits
de l'avoir reçu dans le Château. *Gré* vient du Latin
*gratus*.

il vint ou maiftre Donjon , il fe donna grant
merveilles de ce que fy povre hoftel il vcoit ;
il fe alla feoir fut un coffre , fi regarda les
Chevaliers eulx defarmer de leurs armes , qui
moult eftoient (*a*) exilées ; puis fe veftirent de
leurs robbes rompuës & (*b*) deffirées. Ainfi
comme ilz eftoient defarmez & reveftuz entrerent leans deux (*c*) routes de Chevaliers
paffles & maigres , povrement veftus : avec
eulx amenerent une pucelle moult belle &
advenant ; mais tant eftoit povre & maigre
de jeufner , que les os luy *(d)* paroient : tres
povrement eftoit parée & veftuë ; de jeufner
eftoit fi *(e)* actainte , que fa couleur avoit perduë. La fainčture qu'elle portoit eftoit d'ung
tiffu de layne ; la boucle & le ( *f* ) mordant
eftoient de cuyvre ou de leton , par quoy il
apparoift affez que pas n'eftoit de grant ri-
cheffe. Quand Gerard vit la Pucelle , il fe leva
& luy vint à l'encontre en la faluant humblement. La Damoifelle comme courtoife & fage
luy dift. Sire , Dieu vous doint honneur &
bien , car çeans ne le fçauriez trouver , dont

---

(*a*) *Exilées* , foibles , mal en ordre , du Latin *exilis.*
(*b*) *Deffirées* , defchirées.
[*c*] *Routtes de Chevaliers* , Routte , en vieux François fignifie une Compagnie de cent Gendarmes ; &
quand on parloit de Chevauxlegers , on difoit , Bandes.
*Dict. de Trevoux.*

(*d*) *Paroient* , paroiffoient.
[*e*] *Actainte* , éteinte.
( *f* ) *Le mordant* , lardillon.

je suis moult dolante, pour ce que je n'ay de quoy le vous faire, ny à autres preud'hommes qui souvent passent par ceans, dont au cueur ay grant douleur, quant recevoir ne les puis ainsi que bien voulsisse. Non pourtant il y a huyt jours passez que cy-dessoubz ne fusmes, nonobstant cy ay de provisions six pains & dex gasteaulx, deux perdrix & quatre pluviers, & ung baril de vin ; cy-dedans ne sçay plus nulz vivres. Impossible nous est de nous plus tenir : demain attendons l'assault d'une gent la plus layde, & la plus ordre, & la plus vile que jamais visse. Dame, ce dist Gerard, par quoy est esmuë ceste guerre. Sire, dit la Damoiselle, verité est que le Seigneur de ces gens que je vous ay dit, me veult avoir en mariage ; mais avant ce que my voulsisse consentir, aymeroye mieulx estre arse en ung feu d'espines ; car tant est layt & hydeulx à voir, que paour & hideur ay toutes les fois que de luy me souvient : de plus vaillant Chevalier, plus sage ne subtil ne se pourroit trouver. Mandé m'a par un sien messagier, que demain au matin mettra le siege devant ceste Place : toute ma Terre (*a*) maxillée & gastée. Mon pere & mes deulx freres mors, dont je suis dolente & courroucée, & non sans cause pas on ne se doit esmerveiller, se consentir ne me vueil de le prendre à mary. Alors en

(*a*) *Maxillée*, m'a exilée : c'est-à-dire, m'a détruite.

commença de plourer en soy complaignant
moult piteusement, disant : O vray Dieu, à
malheure fuz oncques née quant trover ne
puis Chevalier qui pour moy se veulle combattre. Je n'ay parent ne cousin que si ose soit
de soy combatre à cest ennemy ; moult grant
desir ay que son orgueil luy voye abatre. Sire,
dist la Pucelle, se sy bonne chiere ne vous puis
faire, comme je deusse, je vous prie que pardonner le me vueillez, car le grand ennuy &
desplaisir que j'ay au cueur me contrainct
de ce faire ; mais pour l'amour de vous &
de l'honneur que fait nous avez de venir
prendre l'hostel ceans, [a] mettray paine de
moy resjouir. Damoiselle, dist Gerard, de
ce que dites vous remercie : je prie à nostre
Seigneur qu'il vous vueille reconforter ; mais
pour Dieu, Damoiselle, je vous prie que dire
me vueillez, si le Chevalier qui est vostre
ennemy, lequel vous tenez si oultrageulx &
hardi, se vouldroit combatre à l'encontre de
celuy qui vostre droit vouldroit deffendre :
sachez pour verité que pour l'amour de vous
& vostre droit deffendre, je me mettray mon
corps & ma vie en adventure, par tel sy que
s'il me peult conquerre ou occir & mettre à
mort, que vous & vostre Terre mettez en
son commandement. Et s'ainsi est que je le
conquiere, il sera tenu de vous rendre & re-
stituer tous les dommaiges & interestz qu'il

(a) *Mettray paine*, je ferai un effort pour.

vous a faitz , excepté ceulx qui font mors ,
lefquelz jamais on ne peult ravoir. La Damoifelle refpondit à Gerard que moult eftoit
contente de ce faire , mais fort redoubtoit le
Chevalier qui luy menoit guerre pour la
grand cruaulté de luy , moult humblement
vous remercye , dit-elle , du grant confort &
aide que me voulez faire. Là dedens avoit
ung Chevalier moult ancien & faige ayant
ouy les belles offres par Gerard eftre faictes ,
dift : Ma Damoifelle , bien devez Dieu louer
& remercier le jeune Chevalier ; faictes luy
fa voulenté , & luy octroyez la bataille , car
je croy certainement que par luy ferez déli-
vrée & nous tous d'un grant dangier , où à
prefent fommes. Quand la Damoifelle entendit le Chevalier , elle prit fon *(a)* gan feneftre fi le bailla à Gerard , que moult voulentiers le prift , en luy *(b)* difant : Sire , mon
corps , ma vie , ma Terre & mon honneur
je metz en la garde de Dieu & de vous , auquel je prie Dieu qu'il doint à vous telle grace
octroyer , que au deffus en puiffiez venir , &
nous ofter du danger où nous fommes.

*(a) Gan feneftre* , fon gand de la main gauche.
C'étoit l'ordinaire de jetter fon gand à terre , quand on
défioit quelqu'un : ici c'eft le contraire ; la Demoifelle
du Chafteau donne fon gand à Gerard , pour lui mar-
quer qu'elle accepte la défenfe qu'il veut prendre de
fa perfonne & biens.
*(b) En luy difant* , la Demoifelle difant à Gerard.

# CHAPITRE XVII.

### *Comment Gerard de Nevers promist à la Damoiselle qu'il se combatroit pour elle delivrer de son ennemy.*

ALors moult lyement Gerard prist le gage de la main de la Damoiselle. Ceulx de leans tous ensemble demenerent la plus grant joye du monde : le soupper firent apprester aulx mieulx qu'ilz peurent de tout ce dont ilz estoient fournis ; si s'assirent à la table & soupperent tous ensemble , Gerard & la Damoiselle avec tous les autres Chevaliers. Puis quant ilz eurent souppé , ilz se leverent de table , ensemble firent plusieurs (a) devises: puis ceulx qui ordonnez estoient de guetter , allerent chascun en leur garde. Gerard & les autres Chevaliers s'en allerent dormir , jusques ce vint le matin que par leans se leverent. La Pucelle se vestit & appareilla au mieulx qu'elle peut. Cette nuyt ne dormit gueres pour la grant paour & doubte qu'elle avoit du Chevalier , son ennemy , mesmement tous ceulx de leans s'y estoient en tres grant fiebvre pour la grant doubte du Chevalier que tant craignoient. Quand Gerard vit la pucelle plourer & que elle venoit vers luy, il

(a) *Devises* , conversation de discours.

se cuyda lever du lyt ; mais elle au pluftoft qu'elle peut s'affift fur l'efponde *(a)* du lict en difant à Gerard que bon jour luy donnaft Dieu. Moult haftivement fe leva & luy refpondit & dift : Belle , bien puifliez-vous venir. Puis fe veftit & habilla , & allerent tous ouyr au Monftier moult devotement le Service divin. Puis s'en retournerent du Monftier , & monterent fur les murs & tours du Chaftel. Sy toft n'y fcurent eftre venuz , que toute la plaine ne fuft remplie de gens. Puis regarderent à la porte , fi *(b)* choifirent le Seigneur de l'oft , luy quatriefme de Chevaliers , qui en hault commença à crier à ceux de dedens , que leur Damoifelle luy rendiffent , ou autrement il les fera tous *(c)* detrencher , le Chaftel & la Damoifelle ardoir en cendres. Ceulx du Chaftel entendirent le fon [d] de leur ennemy , dont moult furent tous en grand paour. Gerard les voyant en telle crainte fi leur dift : Seigneurs , penfez de vous resjouir & reconfortez voftre bonne Maîtreffe , & du furplus laiffez-moy *(e)* con-

*(a)* *L'efponde* , le bord du lit. Il vient du Latin *fponda.*

> *Sponda in extrema cubare.*      Horace.
> Coucher du côté de la ruelle.

*(b)* *Choifirent le Seigneur de l'oft :* Virent de loin le Chef de cette petite armée.

*(c)* *Detrancher* , coupper par morceaux.

*(d)* *Le fon* , les paroles.

[e] *Laiffez-moy convenir.* Il y a apparence que cela

venir, car au plaiſir de noſtre Seigneur avant
que la nuyt ſoit venuë, celuy par qui tant
avez de dommaiges, de paour & de deſplaiſir, ſe repentira des griefs maulx qu'il vous
à fait. Laiſſez *(a)* eſter voſtre dueil, gettez en
ſus de vous toute paour & crainte, ſi me faictes apporter armures fortes & bonnes, ne me
chault de *(b)* s'elles, ſoit vieilles ou nouvelles.
Alors ſans plus attendre luy apporterent armures telles & ſi bonne qu'on ſçauroit *(c)* de-
viſer, ſi l'armerent ſi bien qu'il fut content.
Quant du tout fut armé à ſon plaiſir, ung
eſperon luy *(d)* fermerent es pieds, ſon
eſcu luy mirent à ſon col, puis luy laſſerent
ſon heaulme ; eſpée avoit moult belle & bonne la meilleure qu'on ſceuſt *(e)* querre : puis
luy amenerent ung deſtrier tout couvert d'ung
cendal *(f)* vermeil. Il miſt la main à l'arçon

ſignifie, Laiſſez-moi faire mes conventions avec le
Chef de vos ennemis ; ou bien : laiſſez-moi combattre
pour vous.

    *(a) Laiſſez eſter voſtre deuil*, quittez votre deuil.

    *(b) Ne me chault de s'elles ſoient vieilles ou neu-
ves* : Il m'importe peu que ces armures ſoient vieilles
ou neuves.

    *(c) Deviſer*, dire.

    *(d) Ung eſperon luy fermerent es pieds* : c'eſt-à-dire,
lui attacherent les éperons. Il vient de l'Italien *fermare*,
qui ſignifie arrêter. *Fermar una ruota*, arrêter ou en-
rayer une rouë.         *Dict. d'Oudin.*

    *(e) Querre*, trouver.

    *(f) Cendal vermeil.* Le Cendal étoit une étoffe
fort eſtimée chez les Anciens ; c'étoit, à ce que l'on

fi faillit fus , fans aucun adventaige prendre ,
dont eulx tous furent efmerveillez ; puis fift
le Seigne de la Croix en foy recommandant
à noftre Seigneur. La porte fift toute amplee
ouvrir , & print congé de la Pucelle : après
faillit hors du Chaftel , la lance contremont
dreffée. Quant Galeram , le Seigneur de ceulx
qui au Siege eftoient venuz , vit Gerard ainfi
gentement contenir luy dift : Vaffal , je te prie
que dire me vueillez comment tu as non ; car
tropt te tiens hardy & outrecuydé , quant
par ton orgueil tu es venu pour combattre ;
grant folie as entreprife , fe le Chaftel & la
Damoifelle ne me veulx rendre. Vaffal , ce
dift Gerard , mais (*a*) viens deffendre à l'encontre de toy le Chaftel & la Damoifelle : par
la Pucelle fuis icy envoyé. Le Chevalier refpondit & dift : Vaffal , je cuide que tu foyes
de fes amys , bien monftre à ton femblant
que tu l'aymes moult cherement , quant pour
l'amour d'elle tu es venu mourir ; car nulz
fors Dieu ne te peult garantir , fe vers moy
te veulx combatre. Vaffal , ce dift Gerard ,
que fe tu es tant hardy de moy ofer comba-

croit , une efpece de Camelot. Du Cange prétend que
c'étoit une étoffe de foye , & que ce mot vient de *Se-
tal* , à caufe qu'elle étoit tramée de foye. D'autres le
dérivent de l'Arabe *findali* , qui fignifie une feuille ou
une lame mince & déliée ; ici c'eft une façon de capa-
raçon d'étoffe rouge , tirant fur le pâle.

(*a*) *Mais viens* , au contraire je viens.

je te feray une (*a*) pache telle que se tu me
peulx vaincre ou occir , je te feray bailler
bons hoſtages de toy livrer le Chaſtel & la
Damoiſelle pour en uſer à ton plaiſir. Pareillement ſe je te conquiers ou metz à mort ,
tu me promettras en moy baillant bons hoſtages que tous les maulx & dommages que
par toy & tes gens ont eſté faitz en la Terre
de la Damoiſelle & de ſes hommes , que juſques à ung denier tu le reſtitueras , & amen-
dras à la Damoiſelle tout ce que par raiſon te
ſera demandé.

(*a*) *Une pache* , une convention , du Latin *pactum*.
Ceci confirme la notte 6. de ce même Chapitre.

---

## CHAPITRE XVIII.

### *Comment Gerard combatit le Chevalier*
### *& le deſconfit.*

QUant Galeram entendit Gerard il luy
reſpondit que mieulx ne ſçauroit demander. Mais je te requiers que aller puiſſe
à mes gens pour leur dire & racompter les
deviſes faictes entre toy & moy. Avec moy ,
& pour toy mieulx aſſeurer , ameneray de
mes hommes pour tenir hoſtages ; devant toy
les feray promettre & jurer d'entretenir les
convenances que toy & moy avons faictes ;
dedans le Chaſtel les feras entrer , afin que

toy & la Damoiselle foyez plus affeur. Gerard luy dift que de ce eftoit content. Le
Chevalier s'en départit & vint à fes gens, fi
leur racompta les convenances que Gerard &
luy avoient prinfes. Il print quatre de fes gens
les plus notables, fi les amena & dift à Gerard que ou Chaftel les envoyaft, jufques à ce
que la bataille d'eulx deux fuft (*a*) outre. Gerard fut content, fi les envoya tous quatre
dedens le Chaftel. Après ce que les promeffes
& le ferment fut faict de les (*b*) entretenir
par les deux Chevaliers, & que les oftages
furent ou Chaftel venuz, par le commandement de la Damoifelle furent mys dans une
tour, quatre hommes leur envoya pour les
garder, & elle & tous fes Chevaliers monterent fur les murs & les tours pour advifer la
bataille des deux Chevaliers. Quant Gerard
& le Chevalier virent les oftages entrer ou
Chaftel, ils fe eflongnerent pour prendre
leurs courfes : puis retournerent les lances
baiffées, les heaulmes (*c*) embrachez, les ef-

(*a*) *Fuft oultre.* C'eft à dire, jufqu'à ce que le
combat qui fe devoit faire entre eux fût fini, ou qu'ils
fuffent oultrez, c'eft-à-dire, hors d'agir par les blef-
fures ou la fatigue.

(*b*) *Entretenir*, d'exécuter les promeffes, les conventions.

(*c*) *Les heaulmes embrachez.* Cela veut dire, cou-
verts de leurs heaumes ou cafques. *Embruncher, em-
brochier & embrunger*, d'où l'Auteur a fait ici *em-*

cuz avant mys , ferirent les deſtriers des eſpe-
rons , que à les veoir venir ſembloit fouldre :
ſi fierement s'entreferirent que leurs lances
eſclaterent en pieces ; & leurs deſtriers s'entreferirent & tresbucherent par telle force ,
que tous deux ſe porterent par terre , où
moult longuement (a) geurent tous eſtourdis.
Ceulx dont à ce jour furent regardez , tant
de dedens comme de ceux de dehors afferme-
rent tous enſemble , que de deux Chevaliers
n'avoient jamais plus forte jouſte veue , ne
qui plus fuſt à craindre. Quant long temps ſe
furent geu en paſmoiſon , tous eſtourdis ,
l'eſpée ou poing ſallirent en piedz , ſi ſe vindrent entreferir ſi menu & ſouvent, que de
leurs heaulmes faiſoient ſallir les eſtincelles.
Tant & ſi longuement ſe combatirent, qu'il
n'y avoit celuy à qui le ſang & la ſueur ne
degouſtaſt par terre , bien peu s'en faillit que
goute ne viſſent. Leurs eſpées rebouterent es
fourreaux , ſi s'en vindrent aux bras , dont
ilz s'entreheurterent tant l'ung l'autre , que
tous deux à terre s'abatirent une heure , l'ung

braché, c'eſt un vieux mot qui ſignifie *couvrir, af-
feubler.*                    *Chronique de Hainaut.*
  *Si rencontra un Chevalier & Dames toutes em-
brochiées en los chapes , qui los penitence faiſoient.*
  Menage croit que ce mot vient du Latin *imbricare,*
ſe mettre à l'abri.

  (a) *Geurent* , reſterent. Il y a apparence que ce mot
vient de *geſir* , être giſant.

eſtoit deſſus, l'autre eſtoit deſſoubz : tellement s'entremeſlerent enſemble, qu'il n'y eut
celuy qui ne demouraſt paſmé, l'ung deça,
l'autre delà, ſi que à les veoir ſembloient
mieux eſtre mors que vifz pour le ſang & la
ſueur qu'ilz avoient perdu, dont ceux de
dedens & ceulx de dehors furent moult doulans, car il n'y eut des deux parties qui ne
cuidaſt avoir perdu ſon Champion : ceux de
dehors avoient paour de leur Seigneur, &
ceux du Chaſtel avoient doubte de leur Champion. Ainſy comme vous oyez, ceulx du
Chaſtel & ceulx de dehors demenoient moult
grant noiſe, & tant que par les deux Chevaliers povoient eſtre ouy. Quant ilz revin-
drent à eulx, & que aſſez ſe furent repoſez,
& que leurs haleines eurent aſſez repriſes,
haſtivement ſe leverent en piedz ; moult vivement l'eſpée au poing ſe vindrent entreferir l'ung ſur l'autre, tant & ſi fierement
qu'ils n'avoient eſcu ne heaulme entier, &
que le ſang qui du corps leur (*a*) yſſoit, leur
alloit courant par terre. Maint (*b*) maille de

(*a*) *Yſſoit*, ſortoit.

(*b*) *Mainte maille de leur haubert.* Le haubert
étoit une chemiſe ou cotte de maille qui avoit chauſſes
& capuchon. Cette armure ſe faiſoit avec une eſpece
de fil d'archal.

*Pluſieurs raiſins procedent d'un bourjon,*
*Et maille à maille fait-on le hauberjon.*

*Cretin.*

leur haubert rompirent. Oncques Rolant ne
(a) Fernagu si fierement ne combatirent : de
sang & de sueur avoient les yeulx & le visaige tout couvert, sy que peu s'en faillit
qu'ils ne veoient goutte. Derechef se reprin-
drent aux bras ; sy grands coups des pom-
meaulx des espées se donnoient sur leurs
heaulmes, que leurs yeulx faisoient estincel-
ler : peu s'en failloit que tous deux ne tom-
bassent à terre. Neantmoins tant (b) sacherent & bouterent l'ung l'autre qu'il leur convint tous deux tomber à terre : mais tant mal
en advint à Galeram que force luy fut de
tomber dessoubz, & Gerard demoura dessus. Alors que Gerard se vit au dessus de son
ennemy, ung souvenir luy vint de sa mye la
belle Euriant : si leva l'espée contremont, &
dist à Galeram : Je te conseille afin de ta vie
saulver, que tu me cryes mercy, & te rendz
à moy comme vaincu ; car trop seroit dommaige de ta mort. Alors Galeram plain d'or-
guel & d'outrecuidance dist à Gerard que
encores n'estoit l'heure venue qu'il se deust
rendre ; & que pourtant se au dessoubz estoit,
tantost se mettroit au dessus. Vassal, ce dist

[a] *Fernagu*, Ferragues, geant payen, amoureux
de la belle Angelique, dont il est parlé dans l'Aristote.
　(b) *Sacherent & bouterent*. La veritable signification de ce mot veut dire *desguainer*. Il vient de l'Espagnol *sacar*, tirer dehors. A l'égard de *bouterent*,
il signifie poufferent.

Tom. de Perceval.

Gerard

Gerard , pour grant merveille le tiendray ſe
ſans mort me povez eſchapper. Gerard tint
l'eſpée nuë toute taincte de ſang vermeil : ſi
coupa les latz du heaulme au Chevalier , puis
luy arracha hors de la teſte , tant que toute
nuë le viſaige & le chief demoura. Quant Galeram ſe vit ainſy entrepris , & que force n'y
avoit meſtier ne ſa vertu ne luy povoit ayder,
tant ſe *(a)* ſceuſt extordre , povoir n'avoit de
ſoy mouvoir. Gerard de Nevers voyant le
Chevalier en tel danger , luy diſt que ſe mercy
vouloit avoir , pour *(b)* oultré & deſconfit ſe
tint. Vaſſal , ce diſt Galeram , ja à Dieu ne
plaiſe que par ma bouche ſaille ung mot ſi
vilain ; tant que la vie auray à corps , par moy
le mot ne ſera dit : *(c)* fiers quant tu vouldras,
je ſuis celuy qui la mort oſeray bien attendre;
car oncques en ma vie ne trouvay homme
tant fuſt hardy de mes grands coups oſer attendre. Gerard moult voulentiers faiſoit tant
vers le Chevalier qu'il luy eut crié mercy ;
mais oncques ne s'y voulut conſentir. Quant
Gerard vit que en nulle maniere il ne ſe vouloit rendre pour priere qu'il luy ſçeuſt faire ,
ne luy crier mercy , haulſa l'eſpée ſi luy trencha le chief. Quant ceulx de dehors virent
leur Seigneur mort , ung moult grant dueil
commencerent à demener pour leur Seigneur

[a] *Tant ſe ſcuſt extordre* , quelque effort qu'il fit.
(b) *Oultré* , hors de défenſe
(c) *Fiers* , frappe. Il vient du Latin *ferire.*

qu'ilz avoient perdu ; mais pour leur serment acquitter & les promesses entretenir , s'en vindrent vers Gerard en luy offrant corps & (*a*) chevance & le servir à leur pouvoir.

(*a*) *Chevance* , les biens. La Coûtume de Senlis ne permet le don mutuel qu'entre les conjoins qui ont égalité d'âge & de *chevance*.

---

## CHAPITRE XIX.

*Comment la Damoiselle vint vers Gerard qui estoit moult fort navré , & le fist porter en son Chastel.*

LOrs la Damoiselle & ceux qui dedans le Chastel estoient de pitié & de jõye en commencerent à plourer ; jamais la pareille joye ne fut veue qu'ilz en commencerent, de faire la porte ouvrir & avaler le pont : la Damoiselle & ses gens vindrent vers Gerard , lequel ils trouverent assis empres le Chevalier mort , las & travaillé & tout couvert de sang , en tel estat estoit que veoir ne les povoit , dont la Damoiselle fut moult dolante; moult grant (*a*) pour avoit qu'il ne mourust ; en hault print à crier & dist : O Vierge Marie , comment ce vassal est blecé ! s'il meurt ainsi jamais (*b*) lyee ne seray. Moult tost s'est

(*a*) *Pour* , peur.
(*b*) *Liée* , contente.

de Gerard approuché ; mais il ne la povoit veoir pour le fang & fueur qui luy cheoient du vifaige. En telle foibleffe & travail eftoit, que force luy fut de foy pafmer, dont la Damoifelle eut le cueur efperdu. Quant elle vit Gerard pafmé dift à elle-même : Laffe chetive, malheur & grant dommaige eft que je fuis vive, quant il convient que pour moy & ma caufe ung fi vaillant Chevalier meure. Lors en commença fes cheveulx à detirer & fes mains à debatre enfemble ; à peine fe povoit ceffer de plourer tant eftoit dolante. Ainfi comme la Pucelle faifoit fes complaintes, Gerard revint de pafmoifon, luy eftant en grant douleur, getta deux fors foupirs ; à peine povoit ouvrir la bouche. Quant la Pucelle l'apperceut, elle s'approcha auprès de luy, d'ung delié couvre chief qu'elle avoit luy effua le vifaige & la bouche. Quant le vifaige & les yeulx luy eut torchez, il les commença ung pou à ouvrir. A moult grant peine commença à parler & dift à la Damoifelle à une voix caffée & (*a*) vaine que de-là l'on fift porter, afin que de fon dos le harnois & & le haulbert luy fuft dépoüillé, & que fes playes fuffent (*b*) veues. Quant la Damoifelle entendit Gerard, toft & haftivement par fes

---

(*a*) *Vaine*, baffe, que l'on pouvoit à peine entendre.

[*b*] *Veues*, vifitées.

gens sur son (*a*) estre se rendit , le fist em=
porter au Chastel. Alors tous les hommes de
Galeram vindrent à la Damoiselle & luy crie-
rent mercy , en eulx offrant corps & chevance pour la servir ; sy luy firent tous hommaige. Après ce , la Damoiselle vint ou Chastel , si fist desarmer Gerard ; puis le fit moult
souefvement coucher en ung lict. En Après
par tout le corps le fist visiter toutes ses playes,
& les appareiller de tout ce que (*b*) Mestier
lui fut ; très-joyeuse que nulles mortelles
playes n'avoit , comme luy avoient dit ceulx
qui en ce se congnoissoient. Une Pucelle de
leans le prist en (*c*) cure , sy en pensa tellement que en peu d'espace en commença fort
à amender ; tant le fist assoulagier , que assez
competamment le fit mengier & boire ; tellement & si bien en pensa la Pucelle , que
avant ce que le moys fut passé il fut remis sus
& du tout guery. Au plustost qui peut se
leva , de sa mye Euriant luy souvint , par
quoy talent & voulenté luy print de reque-
rir à la Pucelle que congé luy voulsist don-

[*a*] *Sur son estre se rendit :* se rendit auprès de lui ,
sur sa voye, & vient de l'Italien *Strada.*

*Huon de Villeneuve.*

[*b*] *De tout ce que mestier luy fut.* De tout ce
dont il eut besoin.

[*c*] *Une Pucelle de leans le prist en cure :* Une jeune Fille du Château en eut soin & le pensa.

*Voyez la note II. du Chap. 20.*

ner , affin d'aller *(a)* querir fa mye. Ung jour
parla à la Pucelle & luy diſt : Damoiſelle , je
ſuis guery , la mercy Dieu , grant paour ay
eu de la mort pour les playes que j'ay re-
çeuës ; mais par voſtre bonne viſitation &
aide je ſuis ſain & guery , de vous vueil prendre le congié , en vous remerciant des grans
biens que fait m'avez ; voulenté m'eſt venue
que d'aler parfournir ung voyage que pieca
ay empris de faire ; mais ſe choſe eſtoit que
aucune affaire vous ſurveniſt , je ſeroye preſt
de vous ſecourir , pourtant que le moy feiſ-
ſiez ſçavoir , commander me povez comme
à celuy qui eſt voſtre Chevalier. Damoiſelle,
avant ce que de vous me departe , par voſtre
courtoiſie me vueillez dire voſtre nom. Sire ,
ce diſt la Pucelle , puiſque mon nom voulez
ſçavoir , moult voulentiers le vous diray , mon
pere eut à nom Trargis , & je ſuis appellée
Eugline : de mon pere & de mes deux freres
avez prins vengeance ſur celuy qui à ſes deux
mains les avoit occis , dont à tousjours mais
ſeray voſtre ; pour ce , Sire , vous ay nommé
& dit mon nom , affin que le voſtre me vueillez dire : puis après quand il vous plaira ,
ſera en vous de l'aller *(b)* ou du remanoir.
Ma Terre , mes Chaſteaulx & tout ce que
j'ay au monde vous habandonne pour en faire

[*a*] *Querir* , chercher.
[*b*] *Sera en vous de l'aller ou du remanoir :* Vous
ferez le maître de partir ou de reſter ici.

à voftre plaifir , moy-mefme me donne à
vous pour eftre voftre femme ou voftre amye,
pour Dieu ne me vueillez refufer , car née
fuis de hault lignaige; ja foit ce que Dame ne
Damoifelle ne fe doit vanter ne prifer. Gerard qui apperçeut affez que de (*a*) s'amour
eftoit prife luy dift : Damoifelle , pour Dieu
ne vous vueille defplaire ; car pour tout l'a-
voir de Conftantin , le riche Empereur de
Romme , ne vouldroye delaiffer la voye ne
le chemin que j'ay empris. Quant la Damoifelle entendit Gerard , & que de fon propos
ne le povoit remuer , elle devint pafmée &
morne que oncques n'eut povoir de parler.
Gerard la veant en ce penfement la prift par
la main qu'elle avoit moult blanche , & luy
dift. Damoifelle , en moy (*b*) n'eft de demourer , fi luy racompta toute fon affaire ,
le grant ennuy & la perte de fa Terre qu'il
avoit perduë ; mais encore plus alloit plaignant fa mye Euriant que la perte de fa Terre.
Quant la Pucelle entendit Gerard qui luy dift
le nom de fa mye , oncques mais ne euft fi
grant douleur , & dift : Las moy chetive ,
comment fe pourra-il faire de fouffrir ne porter
le faix que j'ay enchargié, dont je fuis à grant
mefaife que à grant peine puis fur piedz(*c*)efter.


(*a*) *De s'amour eftoit prife* , étoit éprife d'amour
pour lui.

(*b*) *En moy n'eft* , il ne m'eft pas poffible.

(*c*) *Sur pieds eftre* , me foûtenir fur mes pieds.

Pour ſon amour maint grant mal me conviendra ſouffrir, non pourtant riens n'y vault, bien voy que ma paine ay perduë; ja ſoit ce qu'il m'ait geſté & mis hors de grant douleur, mais il m'a mis en plus grant peine, non pás luy, mais moy qui ſuis tant oultrecuidée & folle, moy-meſme m'occis. Or certes je ne dis mie [a] voir, car ſçavoir on peult de verité ſe Gerard ne fuſt icy venu, jamais ne me fuſt advenu que vers luy euſſe mis mon amour ne ma penſée. Ainſi comme vous oyez, la Pucelle ſe accuſoit & excuſoit; puis après diſt en elle-meſme : bien appert que pas ne ſuis ſaige, quant la coulpe en mettoye ſur luy, & moy-meſme m'en oſtoye. Cettes pas ne l'en doy blaſmer ne meſpriſer, fors mon cueur qui à l'aimer me conſtraint, & mes yeulx par qui j'ay eſté trahie : laſſe je cuidoye eſtre au deſſus, mais ores voy-je bien que je ſuis deceuë. Ainſi comme vous oyez, ſe complaignoit la Damoiſelle, & Gerard, à qui il tardoit moult ſoy partir, priſt congé à la Damoiſelle; ſon cheval luy fut amené : puis après ce qu'il eut le congié [b] compris à la Damoiſelle & aux Chevaliers de leans, il ſe mis au chemin pour ſa mye Euriant querre & trouver : mais où qu'il allaſt ne veniſt, oncques n'en peut ſçavoir nouvelles.

(a) *Voir*, vrai, la verité.
(b) *Le congé compris à la Demoiſelle & aux Chevaliers* : c'eſt-à-dire, pris congé de toute la compagnie.

# CHAPITRE XX.

*Comment Gerard se départit & uint à Chaalons en Champaigne, où il fut long-temps malade.*

AInsi comme vous avez ouy, Gerard se départit du Chastel & de la Damoiselle, & chevaucha vj. journées moult dolant, triste & pensif. Si grant angoisse en eut au cueur, que en la ville de Chaalons en Champaigne [*a*] acoucha au lict malade en l'hostel d'ung noble bourgeois, où il [*b*] geut un grant espace ; moult palle & maigre devint, le boire & le manger perdit, riens n'estoit qui le peust assoulaiger, toutes choses oublie, de sa vie il ne tient compte, plus desire estre mort que vif. Tant devint maigre & [*c*] povre, que jamais nulz ne l'eust sceu recongnoistre : tout [*d*] oublié devint & plus vert que feuille [*e*] d'Yerre : de nulle chose n'avoit souvenance ne de sa mye Euriant, ne d'aultruy plus ne luy souvint. Ainsi comme vous oyez, Ge-

(*a*) *Accoucha*, se coucha.

(*b*) *Geut*, resta, fut gisant.

(*c*) *Povre*, veut dire ici, défiguré, de pauvre figure.

(*d*) *Tout oublié devint* : Sa maladie lui ôta la mémoire.

(*e*) *D'Yerre*, de Lierre.

rard geut longuement à Chaalons en l'hoftel d'ung bourgeois, qui moult en eftoit dolant. Une fille avoit moult courtoife, belle, doulce & advenante, tant gente & mignote que de plus gracieufe n'en euft fçeu trouver. Ung jour eftoit affife en la chambre de fon pere, où elle ouvroit d'or & de foye fur ung drap moult richement, mainte rofette & mainte branche y fift : elle qui eftoit bien chantant, en commença à dire une chançon, & tant qu'en la chançon elle nomma Euriant. Gerard qui lors eftoit en fon lict couche, ouyt la Pucelle chanter, fi oüyt nommer fa mye Euriant. Quant la chançon eut efcoutée, au mieulx qu'il peuft s'affift en fon lict ; car povoir n'avoit de foy lever. Grant efpace fut moult penfif, puis dift : Las moy, [*a*] le mal que j'ay fouffert m'a tourné à grant defplaifir, quant fi longuement icy j'ay geu ; jamais ne fçauray le lieu ne [*b*] l'eftre où trouver puiffe ma mye : bien voy & apperçoy en moy que fa bonne amour ay oubliée : pas ne mefmerveille fi je fuis affoibly quant j'ay mis en oubli celle qui pour moy a eu maint douleur ; long temps l'ay mys en [*c*] nonchaloir. Il me convient efvertuer jufques à ce que en moy foit la force de la povoir aller querre ; jamais

(*a*) *Las moy*, hélas ; c'eft le *hoimé* des Italiens.
(*b*) *L'eftre*, l'endroit.
(*c*) *L'ay mis en nonchaloir*, je ne m'en fuis pas foucié, je l'ai mis en oubli.

jour n'arrestteray jusques à ce que l'auray trouvée, pour peine ne pour peril de mort ne la lairray, s'elle est en vie que je ne l'aye. Pour soy esjouyr & esvertuer en commença une chançon moult gentement à dire, & tant que la fille au bourgeois entendit la voix, & la notte de Gerard qu'elle avoit ouy chanter, à merveilles [a] la tint, si l'escouta moult voulentis ; bien cuyda que le Chevalier sust cheu en frenaisie : si estoit la Pucelle comme celle qui estoit moult courtoise, vint vers Gerard, où le trouva seant en son lict. Si luy pria moult doulcement que il se voulsist recoucher, en luy priant qu'il ne se voulsist troubler de ce que là estoit venuë. Belle, ce dist Gerard, vostre venuë m'est moult plaisante, mais je vous prie que à manger me faciez apporter. La Pucelle moult hastivemeut luy fist faire ung chaudel [b] d'amandes, sy luy fist apporter : il le print & huma très-bien, dont la Pucelle fut moult joyeuse. Puis quant il eut prins le chaudel, il demanda à la Pucelle se jamais n'avoit ouy parler d'une Damoiselle qui avoit à nom Euriant. Elle luy

(a) *A merveilles la tint*, estima que Gerard avoit la voix meilleure.

(b) *Chaudel d'amande*, boüillon ou lait d'amande. On appelle *Chaudeau* le boüillon que l'on porte aux Mariez le lendemain de leurs nopces, & vient du Latin *caleus jusculum*. Le Chaudeau est ordinairement composé de lait, de jaunes d'œufs, de canelle & de sucre.

respondit que oncques ne l'avoit veue ne congneue, ne que d'elle n'avoit oncques ouy parler : mais Sire, moult fus ores troublée quant ainsi je vous ouy chanter. Belle, ce dist Gerard, ce fut pour moy reconforter, pour ce que à cette heure il me souvint de celle pour qui ce mal m'est advenu : car n'a gueres en chantant, je la vous ouy nommer. Sire, dist la Pucelle, à ce que j'entens de vous, le mal que vous avez si long-temps porté, vous venu d'aymer. Alors Gerard luy racompta tout son fait, son ennuy & sa perte, qui estoit moult grande, & de Euriant sa mye. Quant la Pucelle eut tout au long escouté Gerard, elle luy dist : Sire, à vous ny a autre n'aviegne jamais de vouloir esprouver sa mye ; je ne fais doute & m'est bien advis que ung homme de (a) grant affaire peult assez tost faire une amye, [b] legiere chose est à fournir, de le bien tenir est le sens. Celuy qui sent avoir bonne amye, ne la doit jamais esprouver. Gerard oyant la Pucelle luy dist : Belle, vous dicte verité, dont humblement vous remercie ; moult grant confort m'avez baillé, & avez esté [c] mire du

(a) *De grant affaire*, de consideration.

(b) *Legiere chose est*, &c. C'est-à-dire, il est très aisé de se faire une amie, mais la difficulté est de la conserver.

(c) *Et avez esté mire du mal*. Mire signifie Medecin, du Grec μυρον, unguent dans les anciens Roman

mal que si long-temps m'a tenu ; tant en
parler comme en chantant , du tout m'avez
mis au dessus. Alors la Pucelle le fist recoucher : souvent le venoit visiter , & en
[a] pensa tellement qu'il revint en sa force.

Il est mis le plus souvent pour Chirurgien.  Le Roman
de *Perceval* parlant de la remise d'une disloquation,
dit :

> *L'y envoya un Mire sage,*
> *Et trois Pucelles de l'escolle ,*
> *Qui luy renouent la Çanol. **

** L'os du coul de* Borel.

Sur quoi il faut remarquer que les premiers Medecins étoient aussi Chirurgiens , & mettoient la main
à l'œuvre ; c'est ce que l'on voit dans *Homere* , & qu'ils
se servoient de filles pour penser les blessez , parce
qu'elles ont les mains plus douces & plus delicates
pour approcher des malades , & qu'elles sont plus
compatissantes. Ces trois vertus que je viens de citer
sont confirmée par Hipocrate même , qui admettoit
des filles aux écoles de Medecine.

*Voyez la note* 7 . *du chap.* 19.

(a) *En pensa* , le pensa , en eut un tel soin.

# CHAPITRE XXI.

*Comment la fille de l'hoste donna à Gerard
ung Espervier quant il print congié.*

QUant Gerard se vit estre repassé & guery,
il dist que jamais il ne s'arresteroyt jusques à ce que sa mye eust trouvée ou en eust
ouy aucunes certaines nouvelles ; si jura que
avant ce l'yra querir (*a*) par Yrlande, par Angleterre & par Ecosse : jamais joye n'aura au
cueur jusques à ce qu'il l'ait trouvée. Il appella la Pucelle & luy dist : Belle, je vous
prie que vueillez sçavoir quelle dépense j'ay
ceans faicte. Sire, ce dist la Pucelle, je sup-
pose que avec vous n'avez guerès apporté
d'argent : car long-temps a que de vostre pays
estes departy ; pas ne seroye courtoise se voz
(*b*) gaiges retenoyes ; assez vous tiens estre

[*a*] *L'ira querir par Yrlande.* Un de mes amis qui
a lû le Roman avec attention, remarque que Gerard
ne va point chercher sa mye Euriant où il l'a laissée,
c'est-à-dire, du côté de la Forest d'Orleans, mais qu'il
marche à reculons pour la trouver. N'est-ce point,
m'a-t'il dit, que l'Auteur voudroit faire allusion à
la fable de la Fontaine, qui dit qu'il ne faut pas
chercher une femme noyée en suivant le courant de
l'eau.

[*b*] *Se vos gaiges retenoye &c.* Si je retenois pour
gage ce que vous pourriez nous laisser, vous êtes trop

courtoys & large pour le nous rendre, quant
par nous en ferez requis ; mais d'une chofe
vous prie pour vous esbatre & defduyre , que
mon Efpervier vueillez emporter avec vous ,
affin que de voftre hofte & de fa fille vous
fouviengne. Si fachez de verité , ainfi comme
m'a efté dit par celuy qui l'a (*a*) duyt , que
de meilleur efpervier on ne fçauroit querre,
ne trouver mieulx affaicté. Alors la Pucelle
querir alla l'efpervier , fi l'apporta à Gerard
les (*b*) getz & les longes eftoient moult riches ; le (*c*) totet eftoit de fin or , deffus avoit
ung moult riche ruby ; l'efpervier donna à
Gerard difant : Sire , corps (*d*) & avoir vous
habandonne fans nulle villaine penfée. Belle
ce dift Gerard , tant me fens tenu (*e*) à vous
que à tousjours me tiendray voftre amy ; en
vous eft de moy commander , je fuis celuy
entierement preft pour voftre bon plaifir faire.
La Pucelle luy apporta linges , draps & robbe toute neufve , pour ce que bien fçavoit que
les fiennes eftoient vieilles & ufées. Gerard

genereux pour ne nous pas rendre ce que nous avons
débourfez.

(*a*) *Duit* , inftruit.

(*b*) *Getz* , liens , attaches.

(*c*) *Totet.* Je n'ai pû trouver ce mot ; il y a apparence que c'eft le chaperon dont on couvre la tête de
l'oifeau , & que l'Imprimeur a mis totet , au lieu de
teftet , mot compofé par l'Auteur.

(*d*) *Corps & avoir* , le corps & les biens.

(*e*) *Tenu* , obligé.

par plusieurs fois remercia la Pucelle. Son cheval luy fut amené, qui moult estoit devenu gras pour le bon sejour qu'il avoit eu. Il print congé de la Pucelle, si ceindit l'espée à son cousté : après monta sur son destrier, si se departit de Chaalons, ou grant [a] piece avoit esté malade, se mist à chemin vers Lorraine en querant sa mye ; mais oncques ne trouva homme ne femme qui luy en sçust nouvelles dire ; ja soit ce quelle fust au pays, mais son nom n'avoit voulu dire. Ainsi comme vous oyez, Gerard passa maint mout & maint val tant qu'il arriva à Coulongne.

(a) *Grand piece*, long temps.

---

## CHAPITRE XXII.

*Comment Gerard vint à Coullongne & des grans merveilles d'armes qu'il fit sur les Sesnes.*

QUant Gerard eut passé Champaigne, Bar & Lorraine, il arriva à Coulongne, si vint descendre en l'hostel d'ung moult riche bourgeois, qui moult estoit doulx & débonnaire, Adam le Gregoys avoit nom. Quant il vit Gerard estre descendu, par son varlet fist son cheval prendre & mener en l'eſtable : il vint à Gerard , ſi luy diſt que en ſon hoſtel fut-il le très-bien venu ; luy & ſa femme le prindrent par les mains ſy l'emmerent en ſa chambre , luy firent couvrir la table & apporter à manger : puis s'aſſirent tous trois enſemble , & diſnerent à leur plaiſir ; car viande avoient à planté , telle [a] comme pour le jour on ſçut avoir pour corps d'homme aiſer. Ainſi comme ilz furent ou milieu de leur diſner , leur fut rapporté & dit par l'ung des varletz de leans que devant la cité les [b] Seſnes venoient pour l'aſſieger , & que les faulxbours eſtoient [c] ars , les vignes coppées , & que desja eſtoient eſcarmouchant aux portes de la Ville. Puis leur racompta

[a] *Telle comme pour le jour &c.* C'eſt à dire , il y eut autant de viande que l'on en pouvoit ſouhaiter pour faire un bon repas.

[b] *Seſnes* & plus bas Senectains. Borel dit que dans *le Roman de Merlin* il y eſt fort parlé d'une nation appellée les Seſnes ; mais il ne nous apprend pas où cette nation habitoit. Il y a lieu de croire que Seſne vient du Latin *Sequani. Eutrope* au ſixiéme Livre de ſon Abregé dit poſitivement que les Suiſſes qui avoient été vaincus par Jules Ceſar , étoient de ſon temps dans le pays des Sequanois , & qu'on les appelloit même Sequanois : *Cæſar vicit Helvetios , qui nunc ſequani appellantur.* Aujourd'huy ce que nous appellons *Sequani* , ſont les Franc-Comtois , peuples de la Gaule Celtique Lyonnoiſe , à preſent du Dioceſe de l'Archevaché de Beſançon. Mais il y a apparence que l'Auteur de ce Roman a voulu parler des Suiſſes par rapport à la force & à la taille.

[c] *Ars* , brûlez.

que par deſſus la riviere leur navire venoit
chargé de vivres & d'artillerie, & que tous
ſe logeoient entre la riviere & la porte des
trois Roys en moult grant nombre de gens
moult richement armez & habillez ; ſi luy
diſt que gens eſtoient de grant emprinſe , &
que grant foiſon de Villes & Chaſteaulx a-
voient pris & mis en leur ſubjection. Droit à
ceſte heure que le varlet de l'hoſte racomptoit
ces nouvelles , ung meſſagier vint au Duc
Millon , qui lors eſtoit Seigneur de la Cité ,
& luy racompta la venuë des Seſnes. Quant
il entendit que les Seſnes eſtoient venuz aſſié-
ger , il eut en luy moult grant doubte & paour
pour ce que ainſi ſe ſentoit eſtre ſurpris ; car
pour lors n'avoit gueres grand Chevalerie ne
gens pour batailler ne (*a*) eſtour encommencer. Mais luy comme ſaige & vaillant Prince
fiſt ſonner ſes trompettes , & publier par toute
la cité que vieulx & jeunes , ſe meiſſent en
point pour leur ville deffendre. Alors chaſcun qui mieulx mieulx s'en courut armer. Si
monterent ſur les murs , portes & tours pour
deffendre leur Cité, ſe par leurs ennemis
eſtoient aſſaillis. L'hoſte ſe leva de table &
diſt à Gerard : Sire , moult grant bruit ſe fait
par la Cité. Alors Gerard commanda à oſter

]*a*] *Eſtour encommencer* , c'eſt à dire, commencer
le combat. *Eſtour* ſe prend pour les coups de lance
dont les Chevaliers ſe frappoient. Et *Borel* croit qu'il
peut venir du Latin *haſta.*

*Tome I.* G

la table, si saillit sus pieds moult vistement, ayant grant paour en soy que (*a*) l'ost ne deslogast avant ce que à eulx se fust combattu : moult doulcement appella son hoste, en luy priant par amitié que armures luy voulsist faire avoir, & que grant desir avoit en soy d'estre armé. Quant l'hoste entendit Gerard & la bonne voulenté qu'il avoit, tost & hastivement vint en sa chambre, si print un haubert, le heaulme & l'escu, chaulfes de fer, & tout le harnois que alors on avoit accoustumé de porter en armes, sy en arma Gerard ainsi comme bien le sçavoit faire : puis luy apporta ung moult bon escu tout couvert de (*b*) vermeil, la (*c*) sambue & le (*d*) chamffrain pinchieres du semblable furent couvertes. Quant Gerard se vit armé & son destrier tout prest, il monta sur la selle sans ce que à (*e*) estrier en sçeust gré : l'hoste fist tirer son

(*a*) *L'ost*, les ennemis, l'armée : il vient du Latin *Hostis*.

(*b*) *Couvert de vermeil*, de drap rouge.

(*c*) La sambue étoit un harnois de cheval.

*Perceval, Gauvain.*

(*d*) *Le Chamffrain pinchieres.* Le Chamfrain étoit l'armure d'un cheval de bataille, qui alloit depuis le front jusqu'au nez. C'est aussi un bouquet de plumes, qu'on peut mettre sur la tête. A l'égard de *pinchieres*, je n'ai pû trouver ce mot, & je croirois que c'est une faute d'impression, & qu'il faut lire *panachieres*, panache, bouquet de plumes.

(*e*) *Sans ce que à estrier en sceust grez*, sans avoir besoin de mettre le pied à l'étrier

cheval pour le convoyer jufques à la porte.
Gerard tint la lance au poing ; au fommet du
fer avoit une enfeigne de vermeil (*a*) famit ,
l'enfeigne defployée : ainfi armé comme il
eftoit s'en vint vers une poterne , où par fon
hofte avoit efté amené ; fy faillit dehors &
vint aux champs , & (*b*) choifit fur dextre
d'ung grand chemin dix Chevaliers & vingt
après qui les fuivoient. Il entrecoupit le chemin que oncques par les vingt hommes ne fut
advifé , fi s'en vint ferir fur les dix Chevaliers:
il en (*c*) confuivit l'ung de fa lance que moult
eftoit roide & forte , en tel party que tant
oultre le corps luy paffa , jambes levées le jetta
mort par terre , que oncques depuis ne remua bras ne jambes : il tira fa lance hors du
corps du Chevalier mort , fi s'en vint ferir fur
les autres ; tellement les efparpilla , que avant
ce que fa lance fuft rompuë ne caffée il en ab-
batift quatre , & du tronçon qu'il luy de-

(*a*) *Vermeil famit.* Un famit eft une forte d'étoffe
ou peau ; ici ce doit être une banderolle de drap
rouge.

> *Veftue d'un vermeil famit ,*
>   *Qu'oncques nus * fi riche ne vit.*

* Nul.                                        *Perceval.*

(*b*) *Choifit* , vit de loin.

[*c*] *Confuivit* , atteignit.

> *Si je puis confuivir*
> *Le cerf qui fe fait fuir.*
>                 *Thibaut Roy de Navarre.*

moura au poing en abatit ung autre par terre,
puis mist la main à l'espée, sy en commença
de ferir sur les autres, en soy hastant de ferir
si menu & souvent, que loysir ne leur donnoit d'eux deffendre. Droit à ceste heure que
Gerard se combatoit, le Duc Millon estoit à
la porte, avoit veu & advisé les armes que
Gerard faisoit, qui estoit chose increable qui
ne l'eust veu, il se escria moult hault, & dit
à ses gens que le Chevalier voulsissent secourir, & que grant dommaige seroit, se par
faulte d'estre secouru il estoit occis ou blessé
à mort. Alors par le commandement du Duc
s'en partirent Chevaliers pour le secourir;
le Duc Millon vint après & les suivit, mais
si tost n'y sceurent estre venu que par Gerard ne trouvassent les dix Chevaliers vaincus & oultrez. Non pourtant sachiez de verité qu'il n'avoit escu ne heaulme entier que
tout ne fust à mal tourné, se sytost n'eust eû
secours; car les vingt Chevaliers qui venoient
après les dix, l'avoient ja environné, point
ne pouvoit faillir d'estre mort ou prins. Quant
les Sesnes veyrent secours estre venu, ilz furent moult esbahys, ne scavoient qu'ilz devoient faire, ou de fuyr ou de attendre; mais
le Duc & ses gens les hasterent tellement que
oncques ne leur donnerent le loysir de fuyr
ne d'eulx deffendre. Le Duc vint la lance
baissée, sy en ferit ung Sesne parmy l'escu si
roidement que mort tout estendu le porta par

terre. Il n'y eut celuy qui ne ferit ou *(a)* laiffa:
mais la plufpart d'eulx fe mifrent à la fuite
vers leurs tentes , lefquelz de Gerard & des
autres furent de fi près fuyvis qu'ilz les en
chafferent jufques en leurs tentes. Alors encommencerent à decouper cordes & matz ,
en demenant tel bruit & telle noife que à les
ouyr fembloient eftre dix mille ou plus , parquoy tout l'oft *(b)* s'eftournift & s'encouru-
rent tous armez : en peu d'heures furent cent
mille hommes enfemble. Quant le Duc Millon les apperceut comme celuy affez eftre
congnoiffant en guerre , fift *(c)* corner la retraicte. Tout le petit pas fans foy effroyer tint
le chemin vers la Cité ; par un meffage haftivement manda à ceulx de la Cité que toft le
veniffent fecourir , & que fon intention eftoit
de foy combatre à ceulx de l'oft. Le meffager
après le commandement du Duc vint en la
Cité & expofa fon meffaige aux Bourgeois ,
lefquelz il trouva preftz & appareillez de leurs
armes. Ilz faillirent de la Cité plus de quinze
mille hommes tous bien armez & esbatonnez ,
tant Chevaliers comme Bourgeois , treftous
en voulenté de faire fecours à leur Seigneur.

[a] *Laiffa* : c'eft-à-dire , laiffa pour mort.
[b] *S'eftournift.* Il faut lire *s'eftourmit* , vieux mot
françois qui fignifie s'affembla pour combatre : il vient
de l'Italien *ftormo* , affemblée de plufieurs perfonnes armées pour fe battre.
[c] *Corner la retraicte* , fonner la retraite.

Dames, Bourgeoiſes & Pucelles monterent
aux tours & crenaux pour voir & adviſer la
bataille. Nulle n'y eut qui ne fiſt ſa priere par
devers noſtre Seigneur Jeſus-Chriſt ; l'une
pour ſon mary, l'une pour ſon pere, frere,
oncle, couſin ou parent : les autres pour
leurs amys. La belle Euglentine, la fille du
Duc fut montée en une tour en hault, ſa
chambriere auprès d'elle qui eſtoit belle Damoiſelle, pour regarder & veoir ceulx qui
mieulx le feroient. D'elles vous lairrons à parler, & parlerons d'autre matiere.

---

# CHAPITRE XXIII.

*Cy parle de la bataille qui fut devant Coulongne,*
*où Gerard fiſt merveilles.*

Quant ceux de la Cité furent ſaillis dehors
pour venir ſecourir leur Duc, au pluſtoſt qu'ilz purent, rengez & ſerrez luy vindrent à l'encontre, dont il fut moult joyeulx,
quant il les vit approucher. Mais ſur tous autres Gerard avoit telle joye de ce qu'il veoit
la choſe ſi (a) approuchée, advis luy fut que
ſans grant bataille avoir les ungs ne les autres ne povoient reculer : il regarda & vit
que ſur dextre ung Chevalier venoit moult

---

[a] *La choſe ſi approchée*, ſi engagée qu'il n'y avoit
plus moyen de reculer.

fierement chevauchant la lance levée , l'espée
non *(a)* desployée , & que party estoit de la
bataille de Sesnes , pour los *(b)* & pris acquerre. Après celuy en vint un autre : tous
deulx en commencerent à approucher , moult
hault en commencerent de cryer : Entre vous
*(c)* Coulongnois , couars & faillis , en vous
n'a tant de vigueur ne force de alencontre de
nous venir jouster , car aujourd'huy vous oc-
cirons tous , si entrerons en vostre Cité , où
de voz femmes , seurs & filles , ferons du tout
noz voulentez , & ja ne sera en vous le contredire. Quant Gerard entendit le Sesne ,
sachez que moult grant desir avoit de le rencontrer , au plustost qu'il peut baissa la lance
ferit le destrier de l'esperon ; il vint à l'encontre du Sesne, sy luy bailla ung cop si grant
que jambes levées l'abbatit par terre jus du
destrier ; puis luy rescria en hault : Vassal ,
folie est de soy vanter , pour vos parolles ne
haultes menasses la chose ne adviendra pas
ainsi comme vous cuidez. Gerard avoit beau
parler & *(d)* huissier , car celuy qu'il avoit

[a] *Non desployée*, qui étoit dans le fourreau.

[b] *Los & pris acquerre* , acquerir louange & re-
compense , du Latin *laus* & *præmium*.

[c] *Coulongnois couards & faillis* , habitans de
Cologne poltrons & qui manquent de cœur.

(d) *Huissier* , *parler haut* : il vient du mot *hucher*,
qui selon *Borel* , signifie , appeller en criant. Ce mot est
encore en usage en Bourgogne parmi le petit peuple ,

abatu estoit à mort navré ; garde n'avoit de
soy relever dessus. A tant Gerard laissa le Sesne, sy regarda vers les batailles, icelles à estre
prestes pour assembler : il vit ung Chevalier
des Sesnes estre party pour en commancer le
(*a*) hustin, chevauchant entre deux rengs,
moult richement armé & habillé. Quant Gerard le vit venir jamais à temps n'y cuidoit
estre, son cheval tourna celle part. Le Sesne
veant Gerard venir sans le refuser tant (*b*) ne
quant luy vint à l'encontre, chascun la lance
baissée, alors que moult estoient roydes, s'en-
trerencontrerent, dont si très grans coups
s'entreferirent, que la lance du Sesne rompit
en pieces ; mais celle de Gerard que moult
estoit forte & royde ne rompit, ne cassa. Si
à plain (*c*) cop attaint le Sesne que luy & son

à cette difference qu'ils disent, huiger, c'est-à-dire,
appeller quelqu'un à haute voix.

> *vostre feu pere*
> *En passant huchoit bien, Compere,*
> *Ou que fais-tu ? ou que dis-tu ?*
>
> *Pathelin.*

[*a*] *Le hustin*, le choc, le combat, la querelle.

*Ragueau.*

C'est pour cela que Louis X. Roi de France, fut appellé le hutin, parce que dans son enfance il étoit mu-
tin & querelleur. Et ce nom, selon Mezeray, lui fut
donné par allusion au plus petit maillet des tonneliers,
appellé, hutinet, mais qui fait le plus de bruit.

(*b*) *Tant ne quant*, en même temps que lui, d'où
l'on a fait, *quant & quant*.

[*c*] *A plein cop*, à plein coup.

deftrier porta tout en ung [*a*] mont ; au Sefne mefchief fit tellement , que au cheoir qu'il
fit eut l'ung de fes bras brifé. Les deux (*b*) oftz
veans celle jouxte louerent & priferent moult
Gerard. Les Dames qui fur les murs eftoient ,
en tindrent [*c*] parlement enfemble ; mais fur
toutes celles qui y eftoient , Euglantine, fille
du Duc en tint parlement : elle appelle Florentine qui au plus près d'elle eftoit , en la
prenant par la main luy demanda & luy dift :
Belle , je te prie par la foy que tu me doys ,
fe tu as bien advifé ce Chevalier comment il
eft [*d*] duit & bien apris de porter armes ?
n'as-tu pas veu quel cop il a donné au Sefne ?
certes moult voulentiers le [*e*] verroye ; en
cette ville eft aujourd'huy venu , ainfi comme dit m'a efté : pleuft à Dieu qu'il m'aymaft
autant que aymer le vouldroye. Dame , ce
dift Florentine , il eft bien digne d'eftre aimé : que ores pleuft à Dieu qu'il me fuft [*f*]
coufté tout ce que fur le corps de moy ay

[*a*] *En un mont* , en un monceau , l'un fur l'autre.

[*b*] *Les deux oftz* , les deux armées.

[*c*] *En tinrent parlement* , c'eft-à-dire , en parlerent avec admiration.

[*d*] *Duit* , façonné , accoûtumé. Il vient ici du Latin *docere* : quelquefois auffi il vient de *ducere* , & de
*decere*.

[*e*] *Le verroye* , je le verrois, ou je l'entretiendrois
volontiers.

[*f*] *Qu'il me fuft coufté*, que j'euffe donné tous mes
habits.

veſtu , & une nuyct me teniſt entre ſes bras.
Alors Euglentine enflambée comme charbon,
moult fierement regarda Florentine & luy
diſt : Comment donc eſtes-vous ſi habandonnée ne ſi hardie de vouloir aymer celuy à qui
j'ay du tout mon cueur mis ; le jeu il auroit
mal [a] party , ſe pour vous prendre il me
laiſſoit , trop vous voy ores oultre [b] cuydée,
quand devant moy voullez aller. Penſez autre
part , donnez voſtre amour ailleurs ; car de
vous [c] aatir à moy ne povez rien [d] conqueſter. Damoiſelle , dit Florentine , vous oyez ce
que j'ay dis , à vous ne me vouldroye aatir :
mais toutesfoys je vouldroye eſtre ſa mye.
Du debat des pucelles vous lairray à parler ,
& parlerons des Seſnes & Coulongnois qui
eſtoient en bataille l'ung devant l'autre.

(a) *Le jeu il auroit mal party* , il choiſiroit mal.
*Voyez la note* 4. *du chap.* 29.
(b) *Oultre cuidée*, préſomptueuſe de prétendre avoir
la préference ſur moy.
(c) *Aatir.* Je n'ai pû trouver ce mot , il doit ſigni-
fier , entrer en comparaiſon.
(d) *Conqueſter* , gagner.

# CHAPITRE XXIV.

*Comment le Duc de Millon de Coulongne gaigna
la bataille sur les Sesnes , & par les grandes
prouesses de Gerard de Nevers , & de la
grant gloire qui luy fut faicte quant il rentra
dedens ladite ville de Coulongne.*

QUant les Sesnes virent par Gerard leur
Chevalier estre abatu , desirans de le
secourir , baisserent les lances : & ceulx de
Coulongne d'autre part pour Gerard secourir
& aider leur vindrent à l'encontre. A l'assembler [a] les hostz y eut maintes lances rompuës , maint escu troué & percé , grant foison chevaulx & Chevaliers portez par terre ,
maint poing , mainte teste coupée. Gerard les
voyant estre assemblez ferit le destrier des esperons , en soy boutant en la [b] greigneur
presse de ses ennemys. Tant se combatit à
l'espée & à la lance , qu'il ne rencontroit
homme qui [c] voye ne luy fist. Il leur de-
trenchoit bras & espaules , il pourfendoit
heaulmes & escus , à grant merveille le doubtoient. [d] Si hardy Sesne n'y avoit qui à plain

[a] *A l'assembler les host* , au choc des deux armées.
[b] *Greigneur* , la plus grande.
[c] *Voye ne luy fist* , qui ne lui fit passage.
[d] *Le doubtoient* , le redoutoient.

coup l'osast attendre , mais le fuyoient &
luy faisoient place. Tant y sist par sa haulte
prouesse que la bataille de ses ennemys trespassa [a] tout oultre. Puis après se referit dedans faisant choses esmerveillables , il faisoit
les rens esclaircir. Devant luy choisit ung Sesne grant & merveilleux , auquel jour avoit
veu faire mainte haulte prouesse , & faire
maint dommaige à ceulx de sa Patrie ; tout
son desir fut de soy à luy combatre. Il print
une lance forte & roide qu'il osta hors des
poingz d'ung Chevalier , & alla brochant de
l'esperon à l'encontre du Sesne , & le Sesne
d'autre part luy vint à l'encontre. Si s'entreferirent de tel povoir des lances qui moult
estoient fortes & roides , que eulx deux &
leurs destriers tomberent par terre : mais tost
& legierement ressaillirent en piedz , chascun
l'espée ou poing & l'escu avant mys , si s'entredonnerent de si grans & merveilleux coups,
que le sang de leurs corps couroit à val jusques au talon. Alors le Sesne comme forcené
plain d'yre & de courroux de ce que tant
Gerard de Nevers luy duroit , si s'approcha
de Gerard pour le cuider ferir ; mais Gerard
qui estoit aspre & habille & bien introduit du
fait des armes , gauchit ung pou arriere , &
advisant le Sesne avoir failly , leva son espée

_____

[a] *Trepassa tout outre , puis après se referit de-*
*dans* traversa l'armée ennemie , & ensuite se refoura
dedans.

des deux mains contremont, si en ferit le Sesne
un coup si pesant que le bras dont il tenoit
l'espée luy abbatit par terre : de la grant angoisse qu'il sentit geéta un cry si très hault ,
que à l'ouyr estoit grant horreur : car tant
estoit le Sesne grant & puissant , que au dessus
de tous les autres hommes avoit de haulteur
plus d'ung grand pied. Et estoit celuy Sesne
lequel tous les Sesnes avoient mys leur esperance d'avoir la victoire ; car en son temps
avoit tué & desconfit plusieurs vaillans Chevaliers en champ de bataille. Alors de tous
coustez pour le secourir & ayder les Sesnes y
accoururent. Et d'autre part le Duc Millon
& ceux de la Cité de Coulongne vindrent secourir Gerard de Nevers , pour la grant
multitude des Sesnes qui estoient à l'entour de
luy. Mais oncques les partans n'y sceurent
si tost venir que Gerard ne luy eust trenché
le chief. Alors à la (*a*) recousse de Gerard
en commença moult grant & horrible à veoir,
maint Chevalier y perdit la vie. Gerard
voyant son secours estre venu , moult vivement se commença à deffendre. Il leur de-
trenchoit heaulmes & escus , il les alloit pour-
fendant jusques aux cervelles : il ne atteignoit
homme qu'il ne pourfendist jusques es dens ;
sy hardy Sesne n'y avoit que l'osast appro-

[a] *A la recousse de Gerard* , lorsqu'on alla au secours de Gerard. Recousse vient du Latin *recuperare.*

cher , tant le doubtoient & (*a*) tremoient.
En la parfin fist tant Gerard par sa haulte
prouesse & l'ayde du Duc Millon Gerard fut
remonté , mais ou dextre cousté avoit une
playe qui moult l'alloit grevant, nonobstant
sy se referit en la bataille , si devisa ung Sesne
qui nouvellement avoit occis le Seneschal du
Duc Millon ; dont à Gerard fit grant ennuy ,
pour ce que tout le jour luy avoit vû faire
d'armes autant que Chevalier en pourroit faire ; en son cueur le prist moult fort à regreter.
Il s'approcha du Sesne plain de courroux &
d'yre. Le Sesne qui en riens ne le doubtoit ,
vint vers luy : eulx deulx chascun l'espée ou
poing ferirent les destriers des esperons , &
se vindrent entreferir de leurs espées qui
moult estoient trenchans & affilées , de si
grans & merveilleux (*b*) comme de leurs
heaulmes & escus en trenchoient grant pieces , & le sang leur alloit courant jusques à
l'esperon. Gerard moult desplaisant de tout
son cueur de la mort du bon Seneschal , jaçoit
ce que à luy n'eust oncques eu nulle accointance , fors tant seulement pour les grandes
prouesses & vaillances qu'il luy eut veu faire.
Alors haulsa l'espée contremont habandon-
nant la (*c*) regne de son destrier , sy ferit le
Sesne ung si merveilleux & tant grant cop sur

[*a*] *Tremoient* , craignoient, du Latin *tremere.*
(*b*) *Comme* , que.
(*c*) *La regne de son destrier* , la bride de son cheval.

ſon heaulme, que oncques le cercle d'or ne la coëffe d'acier ne le purent garantir de la mort que tout ne fut pourfendus juſques au cerveau, & tomba mort jus du deſtrier par terre, dont ceulx de ſa patrie furent moult dolans & courroucez ; car c'eſtoit l'ung de ceulx ſur quoy ilz avoient du tout mys leur eſpoir de vaincre leurs ennemys. Alors le Duc des Seſnes voyant la grant perte & dommage que le jour avoit receu par ung ſeul Chevalier, lequel il veoit devant luy occire & detrencher ſes hommes, reſcria ſes gens en les blaſmant de ce que tant avoient ſouffert d'ung Chevalier, par qui ilz avoient receu ſi grant dommaige. Moult fort les alloit admoneſtant de bien faire en leur commandant très-expreſſement que le Chevalier luy rendiſſent vif ou mort. Alors de tous coſtez environnoient Gerard en luy lancant dars (*a*) empennez, aux arcs & arbaleſtres en commencerent de traire, mais à Gerard de Nevers ne challoit en riens, il les occioit & (*b*) mechaignoit ; à l'ung couppoit bras ou eſpaule : il les abatoit & faiſoit d'eulx ſi grant (*c*) diſcipline, qu'il n'y avoit celuy ſi hardy

(*a*) D*ars empennez &c.* des dards ou fleches garnies de plumes. Et commencerent à tirer de l'arc & de l'arbaleſtre.

(*b*) M*echaignoit*, eſtropioit, meurtriſſoit.

Borel.

[*c*] D*iſcipline* eſt mis ici par metaphore, & ſignifie carnage.

de l'oſer approcher. Mais on dit que la faulx
(*a*) paiſt le pré, car le Duc des Seſnes oppreſ-
ſoit ſes gens & les exhortoit de le prendre ;
& ſe le Duc Millon n'y fuſt venu , jamais
ſans mort Gerard ne s'en fuſt party. Alors la
bataille en commença moult grant & horrible
à veoir ; Seſnes & Coulongnois ſe combatirent ſi merveilleuſement que longue eſpace
fut que on ne ſcavoit qui en avoit le meilleur.
Gerard voyant ſon ſecours eſtre venu , regarda ſur (*b*) coſtiere , ſi choiſit le Duc des Seſnes à qui il veoit abatre & detrencher ceulx
de ſa patrie. Il vint vers luy l'eſpée levée contremont , ſi en ferit le Duc ung coup ſi pe-
ſant ſur ſon heaulme , que tout eſtourdy l'abatit jus du deſtrier : puis vint ſur luy l'eſpée
(*c*) traicte pour luy coupper les latz du heaulme , afin de luy trencher le chief : mais le
Duc luy pria que luy voulſiſt avoir mercy , ſi
lui rendit ſon eſpée. Gerard tres-joyeulx de
certe adventure, print le Duc & le livra es
mains du Duc Millon , qui moult grant joye
avoit en luy quant ſont ennemy tenoit prins,
deſirant de tout ſon cueur d'avoir la cointance
de celuy par qui il ſe veoit au deſſus de ſa
guerre , le Duc des Seſnes fiſt prendre & emmener en la Ville par vingt Chevaliers de

[*a*] *La faulx paiſt le pré* , c'eſt à dire , la faux en-
leve l'herbe de deſſus le pré.

[*b*] *Coſtiere , ſy choiſit* , à côté , il vit de loin.

[*c*] *Traitté* , tirée hors du foureau.

ſes

ſes gens. Les Seſnes voyant leur Duc eſtre prins & tous leurs Senectains mors, virent & congneurent entre eulx que l'eſperance de victoire leur eſtoit oſtée, & tout par ung Chevalier leur eſtandart verſer par terre. Alors ſans conroy & ſans ordonnance s'en commencerent à fouyr en delaiſſant leurs biens. Gerard les en chaſſa moult loing ; tant le redoubtoient & craignoient que en riens ne l'oſoient attendre : le Duc Millon l'alloit toûjours ſuivant, affin que aucun dangier ne luy veniſt ; car ſi adventureux le veoient que grant paour avoient de le perdre. Le Duc Millon le priſt à regarder, ſi vit que ſur ſon coſté dextre luy apparoit le ſang tout cler, ſi s'en vint vers luy & luy diſt : Vaſſal, temps & heure eſt que vous vous repoſez ; car je voy iſſir de voſtre corps ſang d'une playe, dont j'ay fort grant doubte que n'en ſoyez en dangier de mort. Sire, ce diſt Gerard, pas n'eſt choſe dont gueres me doye douloir. Alors le Duc fiſt corner la retraite pour ra-maſſer tous ſes gens. Sachez que plus de deux grandes lieuës chaſſerent leurs ennemys, mais maints en y eut de prins & d'occis ſans nom-bre, les chemins & les champs furent tous chargez de morts & de navrez. Long temps par avant n'eſtoit ſceu ſi grande occiſion avoir eſté faicte de ſi petit nombre de gens à l'en-contre d'ung ſi grant peuple comme eſtoient les Seſnes. Adonc le Duc Millon vint aux

tentes & pavillons de ses ennemys, où il fist
Gerard de Nevers desarmer pour veoir & regarder se aulcunes playes avoit qui fussent
dangereuses. Lors luy fut dit par ung Medecin que de mort il n'auroit garde. Lors le
Duc Millon manda querir une lictiere, sur
quoy il le fist emporter pour ce que moult
estoit affoibly. Quant ung pou se fut reffroi-
dy. Le Duc & ses Barons voyant Gerard
desarmé s'esbahirent tous de ce que si jeune
le veoient , eulx esmerveillant de sa grande
beaulté & prouesse que en luy estoit : encores
n'avoit que dix-huyt ans d'aage , de tout fut
loué & prisez. Le Duc fist (a) partir le butin ,
si le fist bailler & delivrer à ceulx qui bien
l'avoient (b) desservy ; à Gerard en donna
largement , mais oncques pour luy en voulut
riens retenir : mais à son hoste qui l'estoit
venu veoir en fist moult largement partir ,
lequel fut moult dolant de Gerard qu'il veoit
navré. Après ce que fust departy le Duc se
mist à chemin vers la Cité , avec luy en fist
porter Gerard. Quant en la Cité furent entrez , il n'est homme qui dire vous sceust la
grant joye que au Duc Milon & à ses gens fut
faicte : mais sur tous ceux qui là estoient, le
Duc voulut & commanda que à Gerard fut
faicte telle & si grant honneur comme à sa
personne mesme. Se dire & racompter vous

[a] *Partir* , partager.
[b] *Desservy* , merité.

vouloye le grant honneur & qui fut fait à
Gerard de Nevers, trop vous pourroye ennuyer; car les Dames, Damoiſelles, Bourgeoiſes & Pucelles qui aux feneſtres eſtoient
appuyées gectoient en bas ſur la lictiere de
Gerard de Nevers au paſſer qu'il fit devant
elles, tant de roſes, de fleurs & violettes,
eaues roſes & autres fleurs, que grant doulceur eſtoit à les ſentir, dont ſon hoſte eſtoit
tant joyeulx, qu'il l'alloit beneiſſant l'heure
que Gerard vint en ſon hoſtel. Trompettes,
clerons & meneſtrieulx alloient ſonnant devant ſa lictiere juſques en ſon hoſtel; le Duc
Millon & ſes Chevaliers le convoyerent. Puis
luy revenu en ſon Palais envoya à Gerard
tous ſes Cyrurgiens & Medecins, luy meſme tous les jours le venoyt veoir & viſiter juſques à ce qu'il fut ſain & guery. A la belle
Euglentine fut racompté, laquelle eſtoit fille
du Duc, que le Chevalier qui nouvellement
eſtoit venu en la Ville, qui eſtoit logiez ſur
Adam le Gregoys, eſtoit fortement navré &
en très-grant peril.

# CHAPITRE XXV.

*Cy parle des Damoiselles qui commencerent de tencer l'une à l'autre pour la grant amour qu'elles avoient à Gerard de Nevers.*

QUant Euglentine la fille du Duc entendit les nouvelles que celuy que plus desiroit à veoir que tous les hommes du monde, estoit ainsi piteusement navré, moult fort se prist à regretter & dist : Lasse moy ! or suis-je la plus malheureuse que jamais fut veue sur terre, quant celuy en qui j'avoye du tout mis mon cueur est en voye de recevoir mort. Si meurt, jamais joye n'auray ; las moy, je cuidoye de luy faire mon amy : or voy-je bien que (a) *cuyder deçoit la parolle*, est moult veritable : tel cuyde prendre qui fault ; assez l'apperçoy en moy. Par ma folie, cuidoye estre au dessus, mais maintenant je congnois & sçay de certain que je suis cheute au plus bas. Ainsi comme vous oyez, Euglentine se plaignoit pour celuy qu'elle avoit esleu pour son amy : une foys plouroit, puis après faisoit ses complaintes, & tant qu'en celle mesme heure

[a] *Cuider deçoit la parolle est très-veritable.* C'est un proverbe qui signifie: Je vois bien que l'on se trompe souvent dans ce que l'on pense, & qui repond à peu près à celui de l'homme propose & Dieu dispose.

la belle Flourentine arriva vers elle qui moult
fort se prist à escrier & dist en hault : Las
moy ! la plus malheureuse , la plus meschante
& chetive que jamais on pourroit trouver !
à peu que de dueil mon cueur en deux ne se
part. Jamais ne porteray tresse ne cheveulx sur
le chief , s'ainsi est que mon amy se meure :
tous mes cheveulx feray rongnier , si me ren-
dray en ung monastere , ou recluse à tousjours
mais seray ; jamais n'aray de mariage la be-
nesson de Prestre. Alors Euglentine oyant la
Damoiselle tost & hastivement se leva sus &
luy dist : Quel mal adventure vous esmeut ?
pensez-vous se de mort eschappoit qui vous
print à mariage ? sçavez-vous de certain qu'il
ait cure de vous ne de vostre accointance ?
Vous l'avez ores bien pensé de cuyder qu'il
vous espousast devant moy , il yroit bien à rebours : quelz Villes , Bours & Chasteaulx au-
roit-il avec vous ? Mademoiselle , dist Florentine , pour Dieu vous prie que pas ne vous
vueillez courroucer : s'ainsi est que le vassal
viengne de maladie à santé , se vous l'avez ,
pas n'en seray courroussée ; mais se de vous
il ne vouloit faire sa mye & de moy le voulsist faire , trop plus fiere m'en vouldroye tenir , jamais plus mal ne sentiroye. Alors Euglentine moult fierement luy respondit : s'ainsi
estoit qu'il vous aimast & me laissast pour
vous , je me tresperceroye le cueur , ne plus
ne vouldroye vivre. Pour verité je sçay , ainsi
H iij

comme plusieurs m'ont dit , que plus belle
de moy on ne sçauroit querre ne trouver en
nul pays. Bien on devroit tenir aveugle celuy
qui de beaulté vous esliroit devant moy. Damoiselle, dist Flourentine , besoing n'est de
vous courroucer : se plus belle & mignote
estes de moy , d'autre part je suis mieulx assavourée (*a*) : née seroye (*b*) de bonne heure
s'il me vouloit aymer & vous laisser , ce me
seroit (*c*) bel & à vous honte. Se de luy avoye
mon plaisir , bien vouldroye avoir vostre mal
talent tous les jours de ma vie , & il fut ainsi
comme je le dis. Se trop envie en avez , au
mieulx que pourray le me conviendra souffrir:
je ne sçay comment il en adviendra , s'il me
veult aymer , je souffriray que de moy fasse
son vouloir ; pas ne sçay se pour folle en seray
tenuë. Alors Euglentine de grant yre eschauf-
fée luy dist par grant fierté : Vous qui estes
demourant avec moy , comment fustes-vous
si osée de contredire chose à l'encontre de

[*a*] *Mieux assavourée.* C'est à dire , qu'elle est ca-
pable de produire dans le cœur d'un amant beaucoup
plus de goût & de passion qu'une personne infiniment
plus belle qu'elle n'est.

*Un baiser savoureux.*
C'est à dire , un baiser delicieux.

*Benserade.*

[*b*] *Née seroye de bonne heure ,* Je serois née heu-
reuse , dans une heure favorable.

(*c*). *Ce me seroit bel ,* ce me seroit un honneur , un
avantage.

moy que je vueille commander ? Je vous demande se vous estes de si hault lignaige que à nous doyez tencer : sachez que bien m'en souviendra quant oublié le cuiderez avoir. Alors la Pucelle Euglentine regarda son pere venir & toute sa Chevalerie : de rire elle n'avoit talant, mais au mieulx qu'elle peult se (*a*) cela. Elle saillit sus & luy alla à l'encontre; si demanda au Duc son pere comment il luy estoit, & que pour Dieu luy voulsist dire celuy qui pour le jour avoit mieulx fait. Alors le Duc luy respondist : Ma fille, sachez de verité que au monde ne se trouveroit le pareil Chevalier comme est celuy qui est logé à l'hostel Adam le Gregoys ; assez en oyrez parler. Alors le Duc & ses Barons se firent desarmer ; puis vindrent en la salle, où les tables furent mises, le souper fut prest, si laverent leurs mains, puis se assirent : de plusieurs metz furent servis. Alors parmi les tables, Barons & Chevaliers en commencerent de racompter les haulx faits & grandes prouesses par Gerard estre achevées. Tous le louoient & prisoient ; de plus estoit loué, tant plus estoient esprinses les deux Damoiselles Euglentine & Flourentine, l'une a de l'aurre grant envie ; se en lieu à part se fussent trouvées, chascune eust dit de ses nouvelles. Après le manger se

[*a*] *Se cela*, dissimula ses sentimens. Il vient du Latin *celare*, cacher.

leverent : puis par la salle du Palais les Chevaliers s'alloient devisant ensemble ; (*a*) Jongleurs & Meneſtriers alloient jouant de leurs meſtiers. A Euglentine en (*b*) chaloit pou , amours l'avoient mys en tel point que de leurs esbas ne tint compte. Au pluſtoſt qu'elle peult ſe fiſt conduire en ſa chambre : ſa (*c*) maiſtreſſe fiſt appeller , ſi luy commanda ſon lict à faire ; elle ſe coucha deſſus , mais ce fut ſans ſoy repoſer. Ses penſées furent à Gerard : puis après ſe dreſſe & s'aſſiſt , & ſur ſon lict ſes doys ſe met à froter ; puis dit à part ſoy : Maintenant voy-je bien que je ſuis toute redoubtée , quant pour ung homme ſuis en tel point , que jamais ne vis & ſi ne le congneus oncques fors que tant ſeulement aujourd'huy matin le vy armé en bataille. Laſſe moy! trop toſt l'ay aymé , mais autre part vouldray penſer , ſi le mettray du tout en oubly. Incontinent ſe leva de ſon lict eu ſoy pourmenant parmy ſa chambre , en mettant grant peine de Gerard oublier : mais amours qui tousjours attiſe celuy où il veult manoir , le contrainct d'aymer celuy que de ſon cueur cuyde oſter : mais du tout en tout la remiſt à penſer à Gerard & à ſon gent corps , en qui penſer ſe conforte. Amour l'aſſault & (*d*) point ; une

[*a*] *Jongleurs & Meneſtriers.* Voyez la notte 1. du chapitre 13.

[*b*] *En chaloit pou* , s'en ſoucioit peu.

[*c*] *Sa maitreſſe* , ſa gouvernante.

[*d*] *Et point* , & la pique.

heure eſt (*a*) coye, l'autre fremiſt, oublier le
voulut : ſi print une chançon à dire, diſant
que *amours l'avoit mis en grant meſaiſe, ſe par
le mal d'aymer n'eſtoit aſſoulagée.* A ceſte heure
la belle Flourentine eſtoit couchée en ung lict
près de la chambre de Euglentine. Quant la
chançon eut entenduë, peu faillit que de
dueil ne (*b*) partiſt : ung peu s'eſtendit en ſon
lict ſa main à ſa (*c*) maiſelle en luy ſouvenant
de Gerard. En tel point eſtoit venuë que talent (*d*) luy print de chanter une chançon
pour ſoy reconforter & alleger, diſant : *Vous
chantez & je meurs d'aimer, trop vous eſt* (*e*)
*petit de mes maulx.* Euglentine luy rendit, en
telle maniere. *En puiſt à Dieu ſouvenir que la
malle mort vous en viengne, aſſin que voſtre face
en deviengne pale & ternye.* Damoiſelle, diſt
Florentine, ja à Dieu ne plaiſe que cette
cruaulté me adviengne, car pas ne l'ay (*f*) deſſervy. Jamais ne vy de mes deulx yeulx femme qui tant peuſt (*g*) meſdire : Dieu le vous

[*a*] *Une heure eſt coye, l'autre fremiſt*, elle eſt une
heure tranquille, & enſuite extrémement agitée.

[*b*] *Ne partiſt*, ne mourut.
[*c*] *Maiſelle*, ſa jouë, du Latin *Maxilla.*
[*d*] *Talent*, envie.

[*e*] *Trop vous eſt petit de mes maux*, vous faites
trop peu de cas de mes maux.

[*f*] *Deſſervi*, merité.
[*g*] *Qui tant peuſt meſdire*, qui me dit des choſes
auſſi dures.

vueille bien pardonner , & tellement y pourvoir que je puisse estre resjouye. A tant vous
lairray à parler des deux Pucelles jusques que
l'heure soit d'y retourner , si vous racompteray de Gerard de Nevers.

## CHAPITRE XXVI.

*Comment Gerard de Nevers vint à la Court ,*
*où il fut moult bien receu , & comment la*
*belle Euglentine parla à luy & de leurs de-*
*vises.*

ASsez avez ouy parcy devant les grandes
prouesses que Gerard Comte de Nevers
fist devant Coulongne , en la bataille à l'encontre des Sesnes , où il fut moult fort navré , & par quoy il gent au lict l'espace d'ung
moys , avant ce qu'il fust du tout guery &
(a) repassé. Jour n'y avoit en la sepmaine que
par le Duc ne fust visité , & tant qu'il fut
guery. Avecques le Duc alloit souvent chasser
es boys & sur les rivieres : & tant que ung
jour le Duc luy requist que disner voulsist
avecques luy. Gerard pour au Duc complaire
luy ottroya moult voulentiers , & vint à la
Court avecques le Duc , où le manger fut appresté. Les Dames & Damoiselles Euglentine

[a] *Repassé* , remis en bon état.

& Flourentine ſachant la venue de Gerard,
ſe parerent & veſtirent le plus richement qu'elles peurent. Elles yſſirent de leurs chambres
& vindrent au Palais, où elles virent Gerard
de Nevers que moult voulentiers regarderent:
mais ſur toutes les autres Euglentine ſe print
moult fort à le regarder, penſant que nul ne
s'en prins garde ; mais ſaichez que leans n'y
eut nul homme que bien ne l'ayt apperçeu.
Tant fut eſprinſe de ſon amour que tousjours
le regardoit en la *(a)* chiere, par quoy il ſembla & fut advis à ceulx qui eſtoient, que deſſus luy elle ne povoit ſes yeulx traire. Aſſez
vous pourroye tenir, ſe racompter vous vouloye ſes regardz & des manieres qu'elle tint.
Gerard qui moult eſtoit courtoys, ſachant
qu'elle eſtoit fille du Duc, vint vers elle, ſi
la ſalua humblement, & moult courtoiſement
luy rendit ſon ſalut. Gerard la print fort à
regarder, penſant en luy que ſe ailleurs n'euſt
ſon amour miſe, d'elle ſe fuſt voulentiers approuché. Alors Flourentine s'avanca ung petit, & vint vers la Damoiſelle, ſy luy diſt :
Dame, par ſainɛte Catherine, or eſtes-vous
à voſtre plaiſir, le ſoupir que avez geɛté, vient
de puis ou de fontaine ; car à ce que j'ay veu,
vous l'avez eſté querir bien parfond. Quant
Euglentine l'ouyt, peu s'en faillit que de
courroux & d'ire, ne *(b)* maltourna, mais

[a] *En la chiere*, au viſage.
(b) *Ne maltourna*, elle ne ſe trouva mal.

oncques semblant ne osa monstrer. A tant en
bailla l'eauë, si laverent leurs mains, si s'assirent à table : à ce mangier Gerard pensa moult
à Euriant ; de ce dont ilz furent servis ne
mengea gueres. Grant temps par avant l'en
n'avoit veu en l'hostel de Prince si grant disner appareillé. Leans n'avoit celuy qu'a Gerard ne feist beau semblant, tous se pen-
noient de luy complaire. Des metz & entremetz ne vous veut faire long compte. Après
ce qu'ilz eurent mangé, ilz se leverent tous
de table, puis se prindrent à deviser ; les uns
s'en allerent dormir, les autres se pourme-
noient. Plusieurs en y avoit qui aux jeux de
(*a*) tables & d'eschetz jouoient, mais à Gerard gueres ne chaloit ne soy jouer ny esbatre.
Au plustost qu'il peust les delaissa, & se vint
appuyer à une fenestre qui estoit sur le jardin :
de sa mye Euriant luy souvint, par quoy à
grant peine se peut tenir sur pied ; tout le
corps & membres luy faillent. Puis se reprist
& dist en soy-mesme, que il yra (*b*) querir sa
mye pour sçavoir où trouver la puisse. Ung
peu se prist à reconforter, sy luy souvint
d'une chançon qu'il prist en basset à chanter.
Euglentine qui assez près estoit, moult voulentiers le prist à escouter ainsi que se à ce
pensast. Quant la voix en eust oye, en son
cueur moult fort s'en resjonyt pensant que ce

[*a*] *Aux jeux de tables*, au jeu de Dames.
[*b*] *Querir*, chercher.

fuſt pour elle. Elle manda Gerard , luy priant
qu'à elle veniſt parler , ſy luy venoit à plaiſir. Gerard reſpondit au meſſaige que moult
voulentiers le feroit. Luy & ſon hoſte qui auprès de luy eſtoit , vindrent en la chambre de
la Pucelle , où il y avoit mainte Dame de
hault (*a*) pris & mainte Damoiſelle. Gerard
ſachant ſon (*b*) eſtre , comme celuy qui à la
Court avoit eſté nourry , les ſalua moult courtoiſement. Euglentine vint devers luy diſant
que le bien fuſt-il venu , & vous doint tout
ce que le voſtre cueur deſire : puis elle le priſt
par la main , l'aſſiſt emprès d'elle & luy diſt:
Sire , ſe Dieu me vueille aidier, moult deſiroye
à vous veoir pour ſçavoir & ouyr de vous ,
dont vous eſtes né , de quelle terre : je vous
requers en droite amour, que la verité m'en
vueillez dire , & je vous prometz que ſans
contredire je feray voſtre voulenté. Gerard
l'ouyt, ſi luy diſt moult ouvertement: Madame , puiſque ſçavoir voulez mon eſtre , je le
vous diray. Gueres n'y a de temps que je (*c*) arrivay à ung Marchant qui eſtoit moult (*d*)nyce

[*a*] *De haut pris*, de haut prix , de haute condition.

[*b*] *Scachant ſon eſtre* , ſçachant vivre.

[*c*] *Je arrivay à un Marchand* , je me joignis à un
Marchand , ou j'entrai au ſervice d'un Marchand.

[*d*] *Nice nicette* , ſimple , naïve.

 *Ainſi puet* * *hons ſe trop n'eſt nice*
 *Garder ſoy de tuit autre vice.*

*Tout homme peut.     Roman de la Roſe.

& lourt ; le plus *(a)* eschars estoit du monde.
Tant estoit riche & *(b)* plain , que ung
chariot à quatre roucins n'eust sceu mener son
avoir. Convoitise me sousprit pour l'avoir
que je vy si grant : la femme je pris à *(c)* moiller & espousay , voulsist ou non ; mais au plustost qu'elle peust se eschappa de moy , & se
plaignit à la Justice. Ainsi m'en est convenu
fuyr : je suis povre homme , sy ne y ose
*(d)* raller. La Pucelle Euglentine l'oyant soy
complaindre & disant qu'il est povre , fut
moult joyeuse , le cuidant par ses belles offres du tout attraire à son amour , luy dist :
Amy , la Dame qui vous a dechassez de son
pays , vous ayma bien peu quant elle se com-
plaignit de vous : car se j'estoye vostre amye ,
pour riens ne m'en vouldroye complaindre.
Flourentine voyant la Damoiselle ainsi de près
parlant à Gerard , cuyda toute vive enrager ,
dist : Ha fait elle lasse doulante : elle est tant
soubtille que de par ses belles parolles elle fera

[a] *Echars* , avare. Ce mot, selon *Borel* , vient
du vieux François *Charcy* , qui signifie maigre. Ce
mot est souvent employé dans le Roman de *Perceval*.
D'autres le font venir du Latin *exparcus* , d'où ensuite
l'on a fait *scarsus* , & l'Italien *scarzo* , chiche , ava-
ricieux.

[b] *Plain* , rempli de biens.

[c] *A moiller* , de l'Italien *moglie* , qui signifie
femme. Ainsi , *La femme je pris à moiller* , c'est-à-
dire , je pris son épouse pour ma femme.

[d] *Raller* , retourner en le pays.

tant qu'à son amour l'attrayra, car trop scet
de soubtil malice ; je croy qu'il n'est femme
qui tant en saiche. Certes moult la tiens estre
hardie, quant devant moy l'oye tenir si grant
espace à (*a*) parlement ; bien scet que je scay
son penser. Se Dieu me puist aider, pas n'est
raison que luy en coure sus, ne que je luy
deffende le parler ; mais si je reviens à l'assault & que parler puisse à luy, en autre maniere feray tourner son penser. Que ores pleust
à Dieu qu'il le eust la parolle perduë ou qu'elle n'eust poinr de langue, jusques à ce que je
vouldroye : trop m'ennuye qu'elle ne laisse
en paix le jeune Chevalier, car je le voy nu
(*b*) & taisant ; j'appercoy assez que peu escoute
à son langaige ; il semble assez à le veoir que
son quacquet luy ennuye. Ainsi la belle Flourentine en elle-mesme par grant envie se com-
plaint. D'autre part Euglentine dist à Gerard:
Sire, je vous prie que chanter vueillez, pour
l'amour de moy vous vueillez reconforter, sy
oubliez vostre femme : que ores fust-elle arse
& bruslée, quant tel mal vous cuida pourchasser. Alors Gerard encommenca de chanter
une chançon moult hault, affin que de chascun fust ouye. Et dist : *Je ne voy pas icy celle*
*pour qui j'attens ma joye & mon bien.*

[*a*] *A parlement*, en conversation.
[*b*] *Nu & taisant*, neuf, simple & qui ne dit mot.

# CHAPITRE XXVII.

*Comment les deux Damoiselles par jalousie tence-*
*rent l'une à l'autre : & parle de la vieille*
*qui composa la poison pour Gerard de Ne-*
*vers.*

LOrs quant la belle Euglentine ouy la
chançon , elle cuyda que dicte ne l'euſt
pour (*a*) eſcondit. Ainſi , comme s'il n'euſt
d'elle cure , de mal talent & de courroux
commença tout à (*b*) treſſuer ; la face luy devint toute obſcure , puis diſt : Sire , eſtes bien
paoureux & avez bien le cueur (*c*) failly ,
quant aimer n'oſez où vous eſtes aimé Ja ,
povez ouyr que je vous requiers voſtre amour,
& vous m'eſcondiſſez. Damoiſelle , ce diſt
Gerard , pas ne dictes ainſi , je ne vous eſcon-
dis ni ottroye. D'autre part , vous ſavez que
pour parjure ſeroye tenu ſe mon mariage faul-
ſoye. Et ſi vous dy que pour fol & (*d*) couart
ſeroye tenu , ſe en ſi hault lieu penſoye ; chaſcun pourroit dire que ſeroye fol & oultre

(*a*) *Eſcondit* , refus.
(*b*) *Treſſuer* . mot compoſé de *tres* & de *ſuer* , comme treſſaillir , treſpaſſer.
(*c*) *Le cœur failly* , foible.
(*d*) Ce ne ſeroit pas être couart de penſer en ſi haut
lieu , mais bien fol & outrecuidé.

cuydée.

cuydé. Pour Dieu , Madame , vous vueillez deporter : car tel vous pourroit ouyr , que pour folle (*a*) vous tiendroit. A ce mot , sans plus parler , Gerard s'en departit & prins congié d'elle. Quant elle vit que Gerard s'en alla & que à elle ne voulut parler , elle se departit de sa chambre , & vint dedans sa garderobbe , où elle se getta dessus une couchette. Le mal d'aymer luy toucha au cueur si fort , qu'elle devint moult (*b*) mate , vaine & morne. Souvent se retourne de destresse en son lict , en soy plaignant : puis soupire & (*c*) tressault ; une foys avoit chault , l'autre froit. Ainsi que en celle peine fut , Flourentine alla venir , si luy dist : Dame , dictesmoy comment il vous est ; car assez sçay que avez eu prest de vous le (*d*) Vassal pour faire vostre plaisir , se en avez fait vostre desir. Se ores estoye si bien (*e*) de vous , que par amour le me voulsiez prester , jusques à tant que ma voulenté en eusse , à tousjours mais vous ay-

(*a*) *Pour folle vous tiendroit.* Si le discours est sincere , il n'est pas des plus polis.

(*b*) *Mate* , triste.

(*c*) *Tressault* , tressaille.

(*d*) *Le Vassal.* Ce mot est très-usité dans les anciens Romans : ici il signifie , ce Gentilhomme , ce beau Chevalier.          *Nicod.*

[*e*] *Se ores estoye si bien de vous &c.* Si maintenant j'étois assez dans vos bonnes graces , pour que vous voulussiez me le prêter. Ce compliment est dans Rablais. *Si tu non vis dare , præsta quæsumus.*

*Tome I.*                                         I

meroye. Euglentine plaint d'ire & de coutroux quafi comme toute forcenée , cuida refpondre; mais elle n'ofa pour fa [a] maiftreffe qu'elle vit venir & que fes foupirs luy fift retrencher. Sa maiftreffe la regarda en luy difant : Mademoifelle , que avez-vous ? je vous prie que dire me vueillez quelle maladie vous eft furvenue ; car tant vous voy [b] tainte & palle , que je ne fçay penfer dont ce mal vous eft furvenu. Dame , ce dift Euglentine , je me fens feruë d'ung [c] mal , mais je ne fens que ce peult eftre ; une heure ay froit , l'autre ay chault ; une heure fremis , & l'autre tremble; à la foys femble que ne fuis toute évanouye. Damoifelle , dift la maiftreffe , affez me congnois en telz maulx & dont ilz pevent proceder ; fachez qu'il eft venu d'aimer. Or me dictes , je vous prie , fe celuy dont ainfi vous voy feruë vous en requift premierement. Dame , ce dift Euglentine , oncques ne me parla ; mais [d] que je luy en euffe parlé , au pluftoft qu'il peult s'en alla , dont j'ay au cueur telle douleur , que impoffible m'eft de plus vivre , fe de brief ne fuis fecouruë Quant

(a) *Sa maitreffe* , fa gouvernante.
(b) *Tainte & palle* , décolorée. Il faut lire , éteinte.

[c] Remarquez ici , Meffieurs les Medecins , les vrais fimptomes du mal d'amour , afin que l'ayant bien connu , vous le puiffiez guerir facilement.

(d) *Mais que je luy en euffe parlé* , auffitôt que je luy en ay parlé.

la maiftreſſe ouyt ſa Damoiſelle ainſi ſoy dementer [*a*] & plaindre, à baſſe voix, affin
que de nulz ne fuſt ouye, luy diſt ainſi ; Mademoiſelle, ſachez que j'ay grand deſir de
vous complaire ; je vous prometz de ma main
[*b*] en la voſtre que je feray tant pour vous,
que à loiſir & à voſtre aiſe aurez tous voz plai-
ſirs de luy: ſi vous prie que vous vous vueillez
resjouyr, car tel [*c*] poiſon ſçay faire, & ap-
pointer, que pourtant que luy en donnez à
boire, & que après luy en beuvez, jamais de
vous ne pourra departyr, ſur toute [*d*] riens
ſerez aimée de luy. Quant Euglentine ouyt
ſa maiſtreſſe, elle la court embraſſer, & la
baiſa plus de dix foys, en luy priant que toſt
& haſtivement ſe voulſiſt delivrer de ce faire :
mais ſur toute riens vous prie que ſon [*e*] congneuſſement vous gardez, affin que Floren-

(*a*) *Soy dementer*, ſe contriſter, perdre preſque le
ſens par faſcherie. Il vient de *demens*, fou.

> *Lors ſe plaint à Dieu, & demente*
> *De la mort qui ſi le tormente.*
> *Rom. de la Roſe.*

(*b*) *De ma main en la voſtre*, par ma foy que je
vous donne.

(*c*) *Poiſon*, breuvage. Il vient du Latin *potio*, qui
ſignifie boiſſon.

(*d*) *Sur toute riens*, par deſſus toute choſe, rien ;
vient ici de *res*, choſe.

(*e*) *Que ſon congneuſſement vous gardez*, que vous
cachiez bien la connoiſſance que vous luy allez donner de ma perſonne.

tine n'apperçoive voſtre convive. Damoiſelle , diſt la maiſtreſſe , tant ſecrettement le
feray , que ja par elle ne ſera ſceu. La maiſtreſſe yſſit de la chambre , ſi ferma l'huys
après elle : puis entra en ung vergier , où
elle [a] quiſt tant & chercha , que les herbes
qu'elle voulut avoir trouva à ſon plaiſir pour
faire la poiſon qu'elle avoit empris de faire.
D'autre part Euglentine ayant eû la promeſſe
de ſa maiſtreſſe ne ſe peut plus tenir au lict ,
mais ſe leva pluſtoſt qu'elle peut , ſi monta
en une tour hault ; puis s'en vint à une feneſtre appuyer la main à ſa maiſelle , ſi regarda à val par la ville , ſe ja pourroit veoir
celuy que tant deſiroit ; mais oncques ne l'apperceut venir , dont elle fut moult dolante :
puis diſt qu'elle chanteroit une chançon ſi
hault & ſi cler , que bien pourra eſtre que ſa
voix ira juſques à ſon amy parler. Puis après
ſe repriſt & diſt que non feroit , & que encore ſe [b] ſouffera. Puis diſt après : Laſſe [c]
comment pourray ſouffrir pas ne voy ? ſe longuement me tient ce mal que ores endroit ,
je ſens par tout le corps que dueil & de courroux ne meure. Puiſque j'ay ladite chançon
empris, je chanteray , quoiqu'il en adviengne,
ne m'en chault qui en parle : ſe j'en ſuis re-

<hr>

(a) *Quiſt* , chercha , du Latin *quærere*.
(b) *Se ſoufferra* , elle ſouffrira , elle prendra pa-
tience.
(c) *Laſſe* , helas.

prinse, advienne ce qu'il en pourra advenir.
Alors commenca de chanter moult hault &
dist : *Qui sçet guerir du mal d'aymer, sy vien-*
*gne à moy, car d'aymer meurs.*

## CHAPITRE XXVIII.

*Comment Gerard beut la poyson que la vieille*
*avoit faicte pour le decevoir.*

AInsi & à ceste heure que la belle Euglentine eut finé sa Chançon, sa maistresse qui bien l'avoit escoutée, retourna du
vergier, garnye d'herbes telles qu'elle vouloit
avoir. Si vint en la chambre de la Damoiselle,
où elle (*a*) estrampa les herbes & destrempa
ainsi que bien le sçavoit faire : puis les mit en
ung pot d'argent si subtilement meslé avecques le vin, que nul ne s'en eust sçeu prendre garde. Si advint que assez tost après que
Gerard vint à la Court, vestu d'ung court
mantel d'escarlate, fourré d'hermine, en intention de venir prendre congé du Duc pour
soy partir, & aller querir Euriant sa mye.
Son hoste amenoit avecques luy pour l'accompaigner. Si tost ne sçeurent estre entrez en
la salle, que au devant d'eulx ne recontrassent

[*a*] *Estrampa*, signifie ici suivant les apparences,
decoupa, brisa les herbes, & vient du vieux mot françois, *estreper*, qui a la même signification. *Borel.*

la fille du Duc tout droit yſſant en ſa chambre. Quant elle vit Gerard eſtre venu , pluſieurs fois mua ſa couleur , coye ſe tint &
ſans ſoy mouvoir. Gerard la voyant muer ſa
couleur & que de riens ne ſe bougeoit, vint
vers elle , ſi la ſalua moult humblement. Sire,
diſt la Pucelle , joye & bonne adventure vous
doint noſtre Seigneur : je vous prie ſur toutes
riens que juſques en ma chambre vueillez venir pour vous esbatre & deſduire ; en moy eſt
de vous y conduire ſauf venir & ſain aller ,
car ung pou ay à parler à vous. Dame , ce diſt
Gerard de Nevers , preſt ſuis de vos commandemens faire & accomplir. Eulx trois enſemble entrerent en la chambre : Puis Euglentine
print Gerard par la main , ſi l'aſſit auprès
d'elle ſur une couche, & puis diſt à Gerard :
Sire , aſſez ne puis eſmerveiller de vous , de
ce que en nulle maniere ne puis tant faire par
devers vous , pour priere ne requeſte que aymer me vueillez , ſi vouldroye bien ſçavoir à
quoy il tient que voſtre amour avoir ne puis,
& que l'amour que vous avez à voſtre femme ne mettez en oubly , quant vous-meſme
dictes qu'elle vous hayt à mort. Pucelle , ce diſt
Gerard , en moy n'eſt le povoir de mon cueur
oſter d'aymer celle pour qui je me dueil : d'autre part , pour rien ne m'en vouldroye oſter.
Euglentine oyant Gerard parler s'arreſta ung
peu avant ce qu'elle parlaſt , puis tantoſt après
diſt : Certes , Sire , bien le cueur me devroit

faire mal , quant oncques d'aymer vous priay;
tenue en doye estre pour folle , & assez pire
que (*a*) dervée doit la femme estre tenue ,
quant premierement prie ung homme. Bien
voy que j'ay failly à prendre , autre part me
convient viser. Se croire vouliez mon conseil , en aucun (*b*) Ordre vous iriez boutre ;
car advis m'est que le (*c*) deduit des femmes
hayez , penser ne viser ne puis à quoy vous
pourriez estre bon. Quant Gerard entendit
le (*d*) reprouve de la Pucelle , moult saigement luy respondit & dist ; Mademoiselle ,
tant m'avez contraint qu'il convient que la
verité vous die. Sachez que j'ay amye , dont
je sens estre bien aymé ; car autrement mon
amour vous donnasse , pas n'eusse attendu que
m'en eussiez requis ; car assez mieulx en cui-
dasse valoir : tant cuide (*e*) sçavoir de vous ,
que pour riens du monde ne vouldriez que
mon amour ottroyassiez , & que tout mon

[*a*] *Dervée* , sotte , folle.

 *Judith ne fust pas trop dervée ,*
 *Car sa Cité fut preservée.*

       *Rebours de Mathiolus.*
Ce mot vient du Latin *deviare* , se desvoyer : & l'on
en a fait le mot desuer & endesuer.    *Borel.*

 (*b*) *En aucun Ordre vous irez boutre.* C'est à dire,
vous irez vous jetter dans quelque Couvent de Moines.

 (*c*) *Le deduit* , la compagnie.

 (*d*) *Le reprouve* , le reproche.

 (*e*) *Tant cuide sçavoir de vous* , je croi si bien
vous connoître.

cueur ne miſſe à vous aimer. Grant raiſon
ſeroit à moy & villainie, ſe entendre vous
faiſoye que vous aimaſſe, & ſi n'en fuſt
riens. Et d'autre part ſeroit trahiſon à moy
& faulſeté, que à ma mye, que ſi long temps
ay aimée, vouloye faire tort & aimer autre
pour la laiſſer. Certes digne ſeroye de mort
recepvoir ou d'avoir grieve punition : meſ-
cheoir (a) me puiſt-il, ſe jamais le faulſe; &
auſſi puiſt-il faire à celuy qui ſera faulx devers ſa Dame, pourtant que d'elle ſoit loyaulment aimé. Mais, Damoiſelle, dès maintenant m'offre à vous à eſtre voſtre Chevalier
& ſerviteur, ſe meſtier en avez, en vous
priant que le congé me vueillez donner; car
jamais n'arreſteray juſques à ce ma mye auray trouvée, laquelle long-temps ay perduë.
Quant la Pucelle entendit que Gerard s'en
vouloit aller, elle fut moult eſperduë : ſi
appella ſa maiſtreſſe, & luy diſt qu'elle ap-
portaſt à boire. Alors la vieille ſaillit ſus,
moult diligemment fiſt le commandement
de la Damoiſelle. La malle vieille print le
pot d'argent, ſi verſa la poiſon dedans la
couppe toute plaine. Las, quelle adventure
advint à Gerard ? car ſe Dieu ne luy fait ayde,
tousjours aura ſa mye perduë. La vieille
s'approucha de luy, ſi luy tendit la couppe;
mais pas ne la voulut prendre devant ce que

---

(a) *Meſchoir me puiſt-il*, qu'il me puiſſe arriver
malheur.                                        *Pathelin.*

la Pucelle euſt beu. Alors Euglentine print
la couppe ſi la bailla à Gerard , en luy priant
qu'à elle voulſiſt boire. Gerard par ſon commandement print la couppe ſi beut : puis la
tendit à la pucelle. Elle qui ſçavoit à quoy
le [a] touchoit , beut tout que riens n'y
laiſſa. La vieille maiſtreſſe duitte & apriſe
de ſon meſtier , la couppe print ſi getta dehors ce qui y eſtoit demouré , & verſa du
vin & le bailla à l'hoſte de Gerard. Quant
Gerard eut beu la poiſon , ainſi comme s'il
fuſt revenu de pamoiſon , s'aſſiſt tout quoy
ſur une couche , où il fut une moult grant
eſpace ſans ce que en riens penſaſt à Euriant :
talent & voulenté luy print de regarder Euglentine ; car tant belle luy ſembloit à veoir ,
que ſaouler ne ſe povoit de la regarder.


(a) *A quoy le boire touchoit* , l'operation que devoit
faire cette liqueur,

---

# CHAPITRE XXIX.

*Comment Gerard après ce qu'il fut (a) empoisonné,*
*fut feru de l'amour Euglentine, & du*
*conge qu'il prist d'elle.*

ALors Euglentine & la vieille apperçeurent assez que le breuvage l'avoit deçeu : assez se tint plus fiere & orgueilleuse, & beaucoup plus desdaigneuse se tenoit envers luy. On dit aussi par usaige qu'il est de coustume que femme de legier courage quant elle voit & apperçoit ung homme surpris de son amour, vers luy se monstre desdaigneuse & estrangere. Bien l'avoit instruit la vieille des manieres que tenir devoit. La Pucelle Euglentine appella Gerard de Nevers, si luy dist qu'il s'en allast avant ce que le Duc son pere venist. Moult voulentiers Gerard la *(b)* priast de son amour ; mais il ne luy en ose parler, car trop redoubtoit *(c)* l'esconduire. Le vouloir de luy *(d)* a esté tost changié, il prist congié de la Pucelle en la recommandant à Dieu : leans n'ose plus arrester ; il se

---

(*a*) *Empoisonné*, eut bû cette potion, ce philtre.
(*b*) *La pria* signifie ici l'eut prié.
[*c*] *Redoubtoit l'esconduire*, craignoit d'être refusé.
(*d*) *De luy*, c'est à dire, de Gerard.

partist de la chambre & vint en la chambre,
où il trouva Flourentine assise où elle ouvroit
d'or & de soye. Elle qui moult estoit courtoise, saillit sus vistement si luy dist : Sire,
bien viengnez. Et Damoiselle, ce dist Gerard,
seez sy, ouvrez à ce que avez commancé, &
je vous tiendray compaignie. Sire, dist Flourentine, sur toutes riens desire d'estre auprès
de vous pour vous accompaigner : il n'est
riens qui plus me puist complaire que la
compagnie de vous ; se la mienne vous plai-
soit autant, je ne feroye quelque doubte que
nulz fors Dieu nous sçeust jamais departir.
Or Sire, puisque icy vous voy, je vous prie
que donner me vueillez vostre amour, ou que
dire me vueillez se point avez Dame ; car en
riens ne vouldroye traveiller de penser en
vain, ce trop me pourroit grever & travail-
ler se j'amoie & point ne fusse aimée. Sire,
sachez que pas ne suis accoustumée de moy
presenter ni offrir. Oncques mais homme
n'aimay plus que vous, du commencer suis en
grand soucy. Belle, ce dist Gerard, mercy
vous requiers, ung pou de mon fait vous
vueil dire, pour ce que en vous j'apperçoy
loyaulté. Verité est que je suis amoureux ;
mais je n'oseroye dire celle dont je le suis ; elle
m'aime autant ou plus comme je fais elle.
Trop mal feroye le jeu *(a)* party, se j'aimoye

_______________

*(a) Trop mal feroye le jeu party*, vieux mot inu-
sité qui signifioit autrefois la liberté que l'on donnoit

ſans partye : s'elle ne m'aime autant comme je fais elle , mon temps auroye bien perdu , toute ma joye & lyeſſe ſeroit tournée en douleur , au cueur n'auroye jamais lyeſſe ; car tant eſt belle à regarder , que mieulx reſſemble une Deeſſe que femme mortelle : elle a la bouche plus vermeille , & la (*a*) chiere tant belle & tant doulce , que ou monde n'a point ſa pareille ; de beaulté , de ſens , de courtoiſie paſſe toutes celles qui ſont au monde. Et pour ce me aſſiez auprès de vous : & affin de moy ung peu resjouir , vouldray dire une Chançon. Alors Gerard encommença de chanter. Quant Gerard eut ſa Chançon finée & que Flourentine l'eut entenduë , elle eut au cueur moult grand douleur & courroux , pour ce que bien luy ſembla avoir perdu toute ſon eſperance , de tant avoir fait vers Gerard que ſon amour peuſt avoir , bien apperçois du tout y avoir failly. D'yre & de mal (*b*) talent fremiſt toute ; puis à Gerad diſt : Sire , ſe loyaulment

à une perſonne de choiſir de deux choſes l'une : *Partir le jeu* , donner le choix. *Le Livre de Joinville* dit qu'un Chevalier ayant été pris dans un lieu de debauche , *on luy partit le jeu* d'être mené dans le camp en chemiſe par celle avec laquelle on l'avoit ſurpris , ou bien de perdre ſes armes & ſon cheval. Ici cela veut dire , *Je ferois un mauvais choix , ſi j'aimois ſans être aimé.*

(*a*) *La chiere* , La face , le viſage.

(*b*) *Mal talent* , mauvaiſe volonté.

osaſſe, moult voulentiers vous demanderoye
où celle que vous aimez demeure , & comment elle a à nom. Belle , ce diſt Gerard ,
ceſte choſe jamais ne vous diroye : mais ſuis
du tout content de ſouffrir & endurer tout
le mal pour l'amour d'elle que je ſouffre ,
juſques à ce que de moy aura pitié & mercy.
Alors en ſoy levant print congé d'elle.


*Fin de la I. Partie.*

# HISTOIRE
## DE GERARD,
## COMTE DE NEVERS.

---

## CHAPITRE PREMIER.

*Comment Gerard de Nevers se départit de la Court. Le lendemain ils allerent assieger & assaillir ung fort Chastel, lequel le Duc prins & gaigna par les grans prouesses & vaillances de Gerard de Nevers.*

Lors quant Flourentine l'en vit aller, elle cuyda yssir hors du sens. Gerard appella son hoste, si s'en partirent entre (a) eulx deux, & s'en allerent en leur hostel. Puis quant ce vint le lendemain, vindrent à la

(a) *Entre eux deux*, ensemble.

Tome II.                                        A

Court, pour ce que le ſoir de devant l'en avoit dit à Gerard que le Duc vouloit aller dehors. Quant il fut à la Court venu, dit luy fut que le Duc vouloit aller aſſieger ung Chaſtel moult fort, qui eſtoit à ung Chevalier par qui il avoit eû maint grant dommage, le pays de Coulongne entour, & à l'environ avoit tout gaſté & deſtruit. Soixante hommes eſtoient avecques le Chevalier, moult preux & hardis aux armes, la pluſpart d'eulx eſtoient Seſnes, moult grans & cruelz à veoir au deſſus de toutes autres gens. Quant le Duc apperçeut Gerard, il le print par la main en luy diſant que bien fuſt venu, ſi luy diſt courtoiſement que avecques luy (*a*) voulſiſt venir, & que aller vouloit courre par devant ung Chaſtel qui luy eſtoit moult près voiſin. Gerard deſirant complaire au Duc luy diſt : Sire preſt ſuis de faire voſtre commandement ; tout droit m'en vois monter & moy armer pour aller avec vous. Il vint en ſon hoſtel ſi s'arma de toutes armes ; puis monta ſur ſon deſtrier, ſa lance en ſon poing, & s'en vint en la Court où il trouva le Duc tout preſt. A celle heure que dedans la court eſtoit, la Pucelle Euglentine ſe miſt à la feneſtre de ſa chambre, la vieille maiſtreſſe auprès, qui diſt à la Damoiſelle : Que vous ſemble de voſtre amy ? pas ne ſont trois jours que moult grant haſte avoit

—————

(*a*) *Voulſit*, voulut.

de s'en aller : ores povez appercevoir quel ſervice je vous ay fait ; ne veez-vous *(a)* pas que
c'eſt de le veoir, & comment ce harnois luy
ſiet ? Mademoiſelle, ſe croire me voulez, je
feray tant que l'aurez à mary, jamais ne vous
peut eſchapper ; mais vous gardez ſur toutes
riens que trop ne vous habandonnez, de plus
luy ſerez eſtrange *(b)* de tant ſerez plus de luy
aimée. Mais hardiment vous monſtrez à ceſte
feneſtre tout à plain affin qu'il vous apper-
çoieve. Ma maiſtreſſe, diſt la Pucelle, à bonne eſcole avez eſté, bien doy Dieu *(c)* regracier & le louer du jour & de l'heure que avec
moy veniſtes ; car par vous & voſtre *(d)* ſens
je ſuis tournée de mort à vie, puiſque j'aray
celuy à mary & eſpoux, pour qui tant de
paine & torment j'ay ſouffert. O *(e)* monde
ne ſe troveroit le pareil, de ſens, de beaulté &
de courtoiſie, ung peu me vueil monſtrer,
affin que de moy ait ſouvenance. Alors la Pucelle ſe monſtra tout à plain à la feneſtre de
ſa chambre. Gerard qui à autre choſe ne pen-

*(a) Ne veez-vous pas que c'eſt de le veoir.* C'eſt à
dire : Ne voyez-vous pas que le ſervice que je vous ai
rendu, c'eſt le plaiſir que je vous procure de le voir :
ou bien : Ne voyez-vous pas quel plaiſir il y a de
le voir.

*(b) eſtrange*, difficile.

*(c) Regracier*, rendre graces.

*Froiſſand.*

*(d) Votre ſens*, votre bon ſens, votre conſeil.

*(e) O*, au.

*Tome II.*         A

foit , l'apperceut affez (*a*) touſt , moult fort
la priſt à regarder : voulentiers l'euſt faluée
(*b*) s'à ſon honneur l'euſt peu faire ; mais oncques il n'oſa luy en monſtrer ſemblant, pour
la paour d'eſtre apperceu, & auſſi qu'il veoit
le Duc ſon pere ſi prez de luy : il afferma en
ſon haultain couraige , que avant qu'il retourne , le (*c*) penon de ſa lance qui eſtoit
d'ung blanc (*d*) ſamit , que il le rapporteroit
taint en vermeil , du ſang de ſes ennemys.
Alors le Duc accompaignié de deux cens Chevaliers tant ſeulement , ſe departit de Coulongne par une poſterne , ſi ſaillit aux champs
luy & ſes Chevaliers , que oncques par ceulx
de la ville ne fuſt veu ny apperceu, affin que
à Meliadus le Seigneur du Chaſtel n'en fuſt
aucune nouvelle dicte;mais ſi près on ne ſceut
(*e*) garder , que aſſez toſt après ne fuſt de ſa
venuë adverty. Luy & ſes gens ſi coururent
armer au pluſtoſt qu'ilz peurent : d'autre part
venoit chevauchant le Duc à (*f*) tout ſa ba-

(*a*) *Touſt* , tôt.

(*b*) *S'a* , ſi à.

(*c*) *Le penon.* C'eſt une eſpece de piece de drap fen-
du en deux & taillé en banderolle , attaché au bout
de la lance. Il vient du Latin , *pennus.* C'étoit proprement l'enſeigne ou Cornette d'un Capitaine de Cavale-
rie.             *Alain Chartier, Fauchet.*

(*d*) *Samit* , ſorte d'étoffe ou peau.

(*e*) *Si près on ne ſceut garder* , on ne put ſi bien
garder le ſecret.

(*f*) *A tout* , avec tout.

taille. Tant cheminerent qu'ilz vindrent devant le Chastel : ja sy tost n'y sçeurent estre venuz, que Meliadus & ses gens ne trouvassent à la barriere devant la porte du Chastel. Quant le Duc & ses gens le virent, ilz le redoubterent moult, pour ce qu'il y veoit assez plus de gens qu'il n'avoit accoustumé à veoir ; ung peu recula arriere, & s'arresterent coy pour adviser la maniere & comment arriere de leur place les pourroient faire (*a*) eslongier. Quant Gerard vit ses ennemys & que ceux de sa patrie se conseilloient ensemble, il luy tardoit moult de soy mesler à eulx, il advisa le Chevalier du Chastel luy dixiesme estre eslongiez arriere des autres. Gerard baissa sa lance, si luy vint à l'encontre autant que cheval peut courre. D'autre part Meliadus comme preux Chevalier & hardy, ne le voulut refuser : il [*b*] brocha le destrier des esperons, si vint à l'encontre de Gerard ; si trèsrudement se [*c*] aconsuivirent, que la lance de Meliadus rompit & esclata par pieces. Gerard qui portoit une lance moult forte & roide attaignit le Chevalier sur le cousté en telle maniere que la lance & le [*d*] pend luy tresperca oultre le corps ; au [*e*] rechasser qu'il

(*a*) *Eslongier*, éloigner.

(*b*) *Brocha le destrier*, piqua le cheval. *Perceval.*

(*c*) *Se a consuivirent*, s'atteignirent.

(*d*) *Le pend.* Il y a apparence que c'est le penon pendant.

(*e*) *Au rechasser*, en retirant sa lance.

fit fa lance, l'abatit mort par terre : puis vint
vers ung autre Chevalier, fi l'occit. Quant
ceulx du Chaftel virent leur Seigneur mort &
l'ung de leurs Chevaliers tout par ung homme , oncques en jour de leur vie n'eurent au
cueur fi grant douleur ; tous s'apprefterent
pour le venger , fi vindrent courir fus à Gerard. Quant tous il les vit venir fur luy , il
fe retourna ung peu fur coftiere en advifant
l'ung d'eulx qui venoit devant tous les autres.
Gerard tira l'efpée hors du fourrel , fi affena
celuy fur la [*a*] coëffe d'acier ung cop fi grant
que une oreille & la moitié du menton luy
abbatit fur la poitrine. Puis fe [*b*] ferit ou
milieu des autres , il les occit & confondit,
il leur detrencha bras & efpaules , fi hardy
n'y avoit que l'ofaft approucher. Quant ilz
virent que par ung feul homme eulx dix eftoient defconfis , & les autres qui devant la
porte eftoient , cuiderent tous [*c*] maruoyer,
fans plus attendre leur vindrent à fecours,
plus d'ung traict d'arc s'eflongerent de leur
porte pour venir enclorre Gerard. Quant
le Duc les vit venir pour courir fus à Gerard,
il s'efcria à haulte voix , & dift : Seigneurs ,
temps eft & heure de aider & fecourir ce vail-

(*a*) *Coëffe d'acier.* C'étoit une efpece de calotte
de fer.
(*b*) *Se ferit* , fe fourra.
*c*) *Maruoyer* , extravaguer.

Berel , Perceval.

lant Chevalier , ou brief fera occis , dont ce
feroit grant dommaige. Alors , fans plus parler , le Duc & fes gens baifferent leurs lances ,
fi fe ferirent dedens leurs ennemys qui moult
eurent grant paour , car encores plus doubtoient Gerard que tout le demourant des autres. Bien virent entre eulx que fi grant fays
ne pourroient fouftenir , au pluftoft qu'ilz
purent s'en retournerent fuyant vers leur
Place ; mais fi toft n'y fçeurent eftre , que par
Gerard ne fuffent fuivis jufques deffus le
pont , où il encontra un Sefne moult grant
& puiffant , auquel il bailla un coup d'efpée
fi grant , que le bras & la hache luy abatit
par terre. Gerard fi avant fe bouta , que fe
brief n'euft eu fecours , jamais ne fuft retourné : car ung Sefne grant & merveilleux ,
ainfi que fur le pont eftoit luy vint au devant ;
mieulx reffembloit ung [a] ennemy que homme mortel ; il tenoit en fes mains une grande
maffe de fer , fi la leva contremont pour en
cuyder ferir Gerard , qui cheut ung peu arriere & faillit , mais le cop defcendit fur l'arçon de la felle fi roidement , que Gerard &
fon deftrier abatit fur le pont. Si bien advint
à Gerard , que fans bleffeure ne playe avoir il
fe releva fur piedz , l'efpée ou poing , fi courut fus à celuy que le coup luy avoit donné.
Ceulx de leans le voyant feul combatre fur le

_______________

(*a*) *Ung ennemy* , un diable.

pont , encommencerent de retourner pour le
vouloir occir & mettre à mort ; mais le Duc
Millon & ſes gens ſe haſterent & vindrent
vers la Place , accourant pour ſecourir Gerard.
Quant ceulx du Chaſtel virent le ſecours , au
pluſtoſt qu'ilz peurent s'enfuyrent par leans ,
que oncques ilz n'eurent loiſir de lever leur
pont ne fermer leur porte. Le Duc & ſes gens
les ſuyvirent , ſi les occirent & miſrent tous
(*a*) à l'eſpée ſans ung ſeul eſpargner. Quant
tous furent mors & occis le Duc y laiſſa gar-
niſon , puis s'en partit en grant joye & lyeſſe,
ſoy deviſant à ſes Barons des grandes proueſ-
ſes de Gerard & des grands perilz où il eſtoit
bouté. Le Duc vint vers luy , ſi l'acolla en
luy faiſant ſi grant honneur & telle chiere ,
que Gerard en eſtoit tout honteulx. Souven-
tesfoys & aſſez le Duc alloit beniſſant l'heure
que Gerard eſtoit venu en ſon pays. Tant
chevaucherent que à Coulongne arriverent ,
où à grant honneur furent receuz pour leur
joyeuſe victoire : ſur tous aultres Gerard fut
priſé & honnoré , chaſcun luy faiſoit feſte &
joye. Quant dedens la Ville furent entrez , ilz
deſcendirent dedens le Palais ; mais ſachez
que la feneſtre de la chambre de la belle Euglentine eſtoit parée de Dames & Damoiſelles : ſur toute joye avoit la joye Euglentine,
quant à ſon amy veoit tel honneur eſtre faicte,

---

(*a*) *Mirent tous à l'eſpée* , les firent paſſer par le fil
de l'épée.

moult grant defir avoit de le voir de plus près.
Il fe departit de l'hoftel , & vint à fon hoftel
foy defarmer ; par fon hofte & fon hofteffe
fut moult courtoifement receu. Quant il fe
fut du tout defarmé & refrefchy , il fe veftit &
para ; puis luy & fon hofte , chafcun fur ung
cheval , vindrent à la Court , où du Duc &
de fes Barons fut reçeu à grant joye ; car tant
eftoit aymé de luy , que en luy eftoit de commander , ce qu'il vouloit eftoit fait , nul ne
luy alloit au contraire. Le Duc le fift fon Se-
nefchal luy baillant tout le Gouvernement de
fes Terres & Seigneuries , mefmement de la
Juftice. Si bien gouverna fans avoir quelque
convoitife , qu'il n'y eut celuy du pays dont
il ne fuft aymé & prifé. Moult grant efpace
fut au pays : Jouftes ne tournoys ne fe faifoient , là où il ne fuft le premier. En lieu ne
fe trouvoit , où le prix ne luy fuft donné. Il
aymoit & prifoit les povres Chevaliers qu'il
fentoit eftre vertueulx , moult de grans biens
leur faifoit. De toutes gens eftoit aimé & prifé:
la fille du Duc l'aimoit moult & luy elle , fur
toutes riens , peu luy fouvint de Euriant fa
mye , non plus que fe oncques ne l'euft veuë.
Ung efté & ung yver fut Gerard à l'hoftel du
Duc de Millon , où il faifoit tous fes plaifirs.
A tant vous lairons à parler de Gerard de
Nevers , & le laifferons à Conlogne jufques
temps & heure foit d'y retourner , fi parlerons de Euriant fa mye , qui eftoit à Mex en
Lorraine. A iiij

## CHAPITRE II.

*Cy commence à parler de la belle Euriant qui estoit à Mex en Lorraine, & comment elle perdit son anelet d'or que son Amy Gerard de Nevers luy avoit donné par une aloette qui l'emporta.*

BIen avez ouy par cy-devant la maniere & comment Gerard de Nevers avoit laissé sa mye en la Forest d'Orleans toute seule, & comment par le Dux de Mex fut emmenée en sa Cité, en intention de la prendre à mariage, & l'eust voulentiers prinse, se par ses Barons & son Conseil n'en eust esté destourné. Le Duc avoit une sœur moult jeune & belle Damoiselle; à Euriant la bailla le Duc en garde, affin de l'apprendre & monstrer à ouvrer d'or & de soye; car sur toutes les autres femmes Euriant en estoit la maistresse. Si bien apprint la seur du Duc, que la Pucelle tant aima Euriant que sans elle une heure ne povoit estre. Si advint que ung jour la belle Euriant, elle toute seule entre en sa chambre, si luy alla souvenir de Gerard son amy, lequel elle (*a*) cremoit moult que pour

(*a*) *Cremoit*, craignoit.

Rebours de Malsiolus.

*Si doit-on de paour fremir,*
*Et le puissant Juge cremir.*

la perte & le dommage qu'il avoit eu de ses
Terres & Seigneuries, qu'il ne se desesperast,
ou que aucune maladie n'eust prins, par quoy
de son corps fut empiré ou entré en aucune
griefve maladie. *(a)* Lasse! dit-elle, quant
me fera Dieu cette grace que veoir le puisse
une fois avant ce que la mort me prengne?
O le desloyal Lyziart! Dieu te vueil confondre, quant par ta desloyaulté & trahison
nous a fait separer & eslongner : bien me devroit le cueur *(b)* partir, quant osté m'as la
chose que plus aimoye au monde; pas ne sçay
penser ne sçavoir comment tu pourchassas de
sçavoir les *(c)* enseignes que sur moy avoye,
par quoy Gerard & moy avons esté trahis &
deceuz, aussi vrayement que sans cause nous
as separez & *(d)* partis : le mal & douleur que
tous deux en avons receu puist sur toy *(e)* vertir; aussi sera-il quelque *(f)* temps de ce ne
fays doubte. Las moy! pas ne puis à la verité sçavoir comment il me peust trouver : assez
le pourroye icy attendre avant ce que nouvelles en peust avoir, ne moy de luy; car il

[*a*] *Lasse*, helas.

[*b*] *Bien me devroit le cueur partir*, je ne devrois
pas survivre au moment que tu m'as ôté, &c.

[*c*] *Les enseignes*, les marques que j'avois sur la
mamelle.

[*d*] *Partis*, divisé, éloigné l'un de l'autre.

[*e*] *Vertir*, tourner, du Latin *vertere*.

[*f*] *Aussi sera-t'il quelque temps*, aussi cela arri-
vera-t'il quelque jour.

n'est nul par deça qui saiche qui je suis, de quelle Terre ne de quel Pays ; bien sçay que ja ne verray l'heure que par deça le puisse veoir. Ainsi comme vous oyez, la belle Euriant se devisoit (*a*) à par elle, nulle chose n'est qui la puisse conforter. Ainsi comme à par elle estoit, survint ung varlet qui luy apporte une aloëtte qu'il avoit prinse, si la bailla à Euriant, dont elle eut moult grant joye, si en remercia le jouvencel. L'oisellet mist en son giron, si le prist à (*b*) paistre : mais avant ce que gueres demeure l'aloette la fera dolante & triste, ainsi comme vous orrez compter. La Pucelle avoit ung anelet, où ung moult gent Saphir estoit assis. Autrefois son amy luy avoit donné. Ainsi comme elle paissoit l'oyset, l'anelet saillit hors de son doyt & cheut en son giron, que oncques garde ne (*c*) s'en prist. Quant l'aloette (*d*) choisit la pierre qui estoit moult clere & luysant, en son becq le prist, si (*e*) l'escousta tant que l'anelet luy glica parmy la teste, & cheut autour du col. Alors l'aloette prist son vol parmy une petite fenestre, dont Euriant fut

    (*a*) *Se devisoit à par elle*, parloit toute seule en elle-même.

    (*b*) *Si le prist à paistre*, & lui donna à manger.

    (*c*) *Que oncques garde ne s'en prist*, & Euriant ne s'en apperçeut point.

    (*d*) *Choisit*, vit.

    (*e*) *L'escousta*, le secoüa. Je croy qu'il faudroit lire, *l'escoula*.

moult dolante & dift : O Vierge Marie,
comme ores me doit (*a*) anoyer, quant l'anelet que mon amy m'avoit donné ay ainfi perdu en grant douleur, à mon cueur mys l'oy-
fellet, (*b*) que mal feu le puiſt ardoir. Las
moy ! pas ne prendoye garde que avoir en
deuſſe aucun ennuy : verité eſt que jamais
ung mal ne vint fans l'autre, joye me fut ennuy, & courroux m'approuchent aujourd'huy,
fera mon mal renforcé. Ah malheureux (*c*)
varleton ! Par trop puis hayr l'aloette. Se
plus en chiet (*d*) en mes mains, preſtement
la feray mourir, jamais nul n'en aimeray,
car mon anel a emporté la male aloette. Ah
doux amy ! grant temps y a que de moy eſtes
eſlongié. A ce coup puis appercevoir que tout
le temps de ma vie mes joyes feront tournées
en pleurs & en triſteſſe. Alors commença à
detirer fes cheveulx, moult grant deuil en
commença de faire.

[*a*] *Anoyer*, ennuyer, être triſte, de l'Italien
*noya*, triſteſſe.

[*b*] *A mon cueur mys l'oyſellet : que mal feu le
puiſt ardoir.* Je m'attachai à cet oifeau : pût-il être
brûlé.

[*c*] *A malheureux Varleton !* Ah malheureux Gar-
çon, de m'avoir donné cette aloüette.

[*d*] *En chiet*, il en tombe.

# CHAPITRE III.

## Comment Meliatyr le desloyal Chevalier cuyda efforcer Euriant, & du mal qu'il luy pourchassa.

AInsi comme en celle douleur estoit, survint leans ung Chevalier moult felon & de *(a)* pute affaire, le visaige avoit moult felon, Meliatyr estoit appellé : traistre & desloyal estoit, par luy & par son pourchas Euriant eut moult de peine & de grans maulx à souffrir. Et pour ce dist-on qu'il advient souvent que ung mal revient sur l'autre. Quant il vit ainsi la Pucelle estre *(b)* asseulée en sa chambre, il entra *(c)* ens & commenca à parler à elle de plusieurs choses, tant qu'en la fin il la regarda ; elle luy sembla moult belle, pourquoy il s'en amoura en son cueur, tellement qu'en la parfin luy requist que son amour luy octroyast, & que tant luy feroit de biens que jamais n'auroit povreté. Euriant moult espoventée des paroles du Chevalier, luy dist : Sire, ja Dieu ne plaise que ung si

[a] *De pute affaire.* Pute est comme une sincope de puante, & signifie ici, d'un mauvais cœur, enclin à la débauche.

[b] *Asseullée,* être seule.

[c] *Ens,* dedans, du Latin, *intus.*

hault & si noble homme que vous daigne
avoir ne ait attouchement à moy ne à ma
chair, qui ne fut oncques à homme reffusée.
Le Chevalier luy dist : Je croy que vous estes
folle ou hors du sens, quant ainsi mescon-
dissez. Ha ha, Sire dist la Damoiselle, ja à
Dieu ne plaise que ceste honte vous adviengne. Alors le Chevalier desirant acomplir sa
tres-ordonnée concupiscence, la prist & la
gecta sur un lict. La belle Euriant soy veant
ainsi estre entreprise, haulsa le pied dextre,
si en *(a)* ferit le Chevalier parmy la bouche ung
coup si grant, que quatre de ses dents luy
rompit en la bouche ; puis elle comme toute
forcenée se leva en piedz, si le ferit & esgra-
tigna par le visaige, tant que de tous costez
le sang luy sailloit par la bouche & par le
nez. Puis la Damoiselle triste & dolante s'en
*(b)* saillit hors de la chambre, & vint en la
salle sans faire quelque semblant, où trouva
la seur du Duc que moult voulentiers *(c)* l'advisoit ; car tant aimoyent l'une l'autre, que
deux seures ne peurent plus faire.

[*a*] *Ferit*, frappa.
[*b*] *Saillit*, sortit.
[*c*] *Moult voulentiers l'advisoit*, la voyoit avec
plaisir.

# CHAPITRE IV.

### *Comment le très-mauvais Chevalier murtrit piteusement la belle Ismame cuydant avoir occis Euriant.*

Quant Meliatyr qui estoit en la chambre triste & dolant, de ce que ainsi Euriant luy estoit eschappée, vit qu'il estoit ainsi esgratigné, (*a*) froslié & navré, & qu'il avoit failly à faire son emprise, encores fut-il moult courroucé de ce qu'il avoit perdu ses dents, & estre ainsi esgratigné, par quoy celuy jour il ne se osa monstrer en la salle, il se (*b*) pensa & fit serment de non boire ne manger jusques à ce que de Euriant eust vengance prise. Il (*c*) proposa par sa (*d*) mauvaistie de soy musser derriere ung grant coffre, jusques que la nuyt fust venue. Quant il vit que par leans avoient souppé, & que le Duc se fust retrait pour aller dormir, & les Pucelles estre couchées & endormies en leur lict, car toutes deux gisoient ensemble, alors le desloyal

[*a*] *Froslié*, froissé, meurtri.
[*b*] *Il se pensa*, il se fit guerir.
[*c*] *Il proposa*, il se proposa.
[*d*] *Par sa mauvaistie de soy musser*, par mechanceté de se cacher.

[a] trayteur ayant [b] l'ennemy au corps qui
le gouvernoit , [c] sacqua ung cousteau qu'il
avoit moult trenchant & affilé , au plus coyement [d] qu'il peut vint en la ruelle du lict ,
où les deux Pucelles si dormoient ; pour la
grant chaleur qu'il faisoit celle nuit avoient
leurs bras hors du lict & les poitrines décou-
vertes. Il s'approucha auprès du lict , & vint
près de la seur au Duc , cuidant que ce fust
Euriant ; il haulsa la main , si [e] ferit du
cousteau en la poitrine de la seur du Duc.
Le coup fut si droit feru qu'il l'attaint jusques au cueur , parquoy oncques ne gecta
cry , ne remua piedz ne jambes aussi ; puis
prist la main de Euriant qui se dormoit , & la
mist sur le manche du cousteau , cuidant que
ce fust la belle Ismame , la seur du Duc. Puis
au plus coyement qu'il peut s'en yssit de la
chambre, jusques ce vint le lendemain matin,
que par leans chascun s'estoit levé , & que les
Chambrieres & Damoiselles vindrent en la
chambre des Pucelles. Quant leans furent en-
trées , par la clarté d'une [f] verriere qui

[a] *Traiteur* , traître.

[b] *L'ennemy* , le demon.

[c] *Sacqua* , tira de sa guaine.

[d] *Coyement* , sans faire le moins de bruit qu'il
put.

[e] *Ferit* , frappa.

[f] *Par la clarté d'une verriere* , à travers une
fenêtre.

*Roman de la Fontaine perilleuse.*

leans estoit , veirent le sang courir parmy la
chambre , & les linceulx ensanglantez : puis
regarderent que la main de Euriant atou-
choit au manche du cousteau que encore estoit
au corps de la belle Ismame. Là en y eut une
qui dist que tout coy se tenissent jusques à ce
le Duc les eust veues. Alors l'une d'elles au
plus coyement qu'elle peut , vint tost legierement en la salle , où elle trouva le Duc soy
pourmenant, à qui elle dit moult (*a*) effreement
que tost venist en la chambre de sa seur. Le
Duc sans arrester la suyt , si vint en la chambre , où il vit le piteux [*b*] murdre. Droit à
ceste heure la belle Euriant s'esveilla en soy
esmerveillant pourquoy , ny à quelle cause
tant de gens estoient là venuz. Le Duc la print
à regarder , & luy dist que en elle avoit fait
mauvaise garde : Jamais je ne l'eusse cuydé ;
bien est raison que ennuy & desplaisir en aye,
aussi ay-je mal fait quant oncques euz fiance
en vous. Euriant que encores ne sçavoit la
mort de la seur du Duc , s'esmerveilla moult
pourquoy le Duc disoit telles parolles. Elle
haulsa ung pou son chief pour esveiller la
belle Ismame , mais elle la vit toute morte.
Moult se print à desconforter , la main à sa
[*c*] maiselle mist en disant : Lasse moy ! Mada-

(*a*) *Effreement* , avec effroy.

(*b*) *L'epiteux murtre* , le pitoyable meurtre.

(*c*) *La main à sa maiselle mist en disant : Las*
                                        moiselle ,

moiselle , qui vous a ainſi atournée. Alors le
Duc par grant courroux la tira par la main ,
ſi la fiſt veſtir ſa chemiſe & ſa robe , ſi la fiſt
delivrer es mains de Meliatyr , le deſloyal
Chevalier , en luy diſant : O très-deſloyalle
folle , bien doy hayr & mauldire l'heure que
oncques vous trouvay ; (*a*) ouvré avez maulvaiſement , quant ma très-aimée ſeur avez
murdrie : mais telle juſtice ſera prinſe de vous,
que à toutes autres ſerez exemple. Euriant
eſmerveillée du crime que l'en luy mettoit
ſus , duquel ſe ſentoit pure & nette , s'aſſiſt
emmy la ſalle , comme celle qui mieulx ſemble eſtre morte que vive , toute deſchevellée ,
ainſi comme de ſon lict avoit eſté tirée jus , les
mains jointes à genoulx , criant mercy: car
oncques en ma vie ne connus le murtre que
ſur moy on met ſus. O très-deſloyalle folle ,
ce diſt le Duc , la choſe ne povez nyer , car
(*b*) ou fait avez eſté priſe. Il manda à ſes Barons & Conſeillers venir devers luy , ſi leur
demanda en quelle maniere il devoit faire
mourir celle qui avoit fait murtry ſa ſeur ,
ſans ce qu'elle y euſt aucune cauſe. Alors Meliatyr le très-deſloyal Chevalier luy diſt : Sire,

*moy !* mis la main à ſa jouë en diſant : Helas ! mal-
heureuſe que je ſuis.

(*a*) *Ouvré avez maulvaiſement* , vous avez fait
une action mauvaiſe.

(*b*) *Car ou fait avez eſté priſe* , car vous avez
été priſe ſur le fait.

besoing ne vous est d'en tenir grant conseil ;
quant en plain fait prouvé a esté trouvée ;
autre n'y a que de la faire ardoir en ung feu
d'espines. Alors se leva en piedz ung très-
ancien Chevalier moult saige, que l'en nommoit le Seigneur de Frenetrenges, que pour
lors estoit Mareschal du Duc, & dist : Sire,
sur ceste chose avez bien à regarder de faire
justice que le cas ne soit bien approuvé, ne
me peult *(a)* le cueur que ceste Damoiselle
ait fait le murtre que l'en luy a mis sus ; car
tant aimoient l'une l'autre que deux sœurs ne
pourroient plus faire. Et se ainsi estoit que le
fait eust commis, jamais ou lict ne fut arrestée, mais s'en fust fuye quelque part pour
trouver sa salvation. Autresfois ay ouy racompter d'ung pareil cas que advint à Rome
par une *(b)* Emperiere ; plus avant ne vous en
vueil racompter, mais vous vouldroye con-
seiller que tost & hastivement envoissiez à
Bar-le-Duc querir vostre oncle, car moult est
saige, & grant justicier a esté en son temps ;
de maintes choses scet à parler plus que nul
homme : faictes mettre cette Dame en prison,
& la faictes garder sans nul mal faire, jusques
à ce que vostre oncle le Duc de Bar sera venu.
Quant Meliatir ouyt le conseil & l'advis du
Seigneur de Frenetrenges, il cuida tout vif

_______________________________

(a) *Ne me peult le cueur*, le cœur ne me dit point.
(b) *Emperiere*, une Imperatrice.

enraiger si dist : Sire , mauvaisement faictes
que ne la faictes ardoir , car j'ose dire & le
vueil prouver à l'encontre de celuy qui pour
elle se vouldroit combatre , qu'elle mesme
sans nul autre a murtry & mis à mort Ismame
vostre seur : & pour ce je dys que vous & tout
vostre Conseil en (*a*) ouvrez mauvaisement ,
de ce que tost & hastivement ne la faictes ardoir en ung grant feu d'espines. Meliatir , ce
dist le Duc , la justice n'en sera faicte jusques
à ce que mon oncle sera venu. Quant Meliatir ouyt le Duc , oncques jour de sa vie le
desloyal trayteur ne fust plus courroucé.
Alors le Duc fist mettre la belle Euriant en
une prison , si envoya querir son oncle le
Comte de Bar. D'eulx vous lairrons à parler
juques heure soit de revenir , si dirons de Gerard qui estoit à Coulongne à la Court du
Duc , duquel il estoit moult aimé & prisé.

(*a*) *En ouvrez mauvaisement* , faites fort mal.

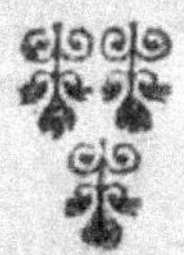

## CHAPITRE V.

### Comment Gerard & la belle Euglentine s'entre-aymerent tant que le Duc en voulut faire le mariage.

**P**Ar cy-devant avez ouy comment Gerard de Nevers estoit à Coulongne en la Court du Duc Millon, duquel il estoit tant aimé, que de toute sa Terre & ses grans Seigneurs luy en avoit baillé le Gouvernement, dont il en usa si bien, que des petits estoit fort aymé. Peu luy souvenoit de sa mye Euriant, pour la (a) poison qu'il avoit beu ; mais tant aimoit Euglentine la fille du Duc, que jour ni heure n'estoit aise s'il ne la veoit : & elle luy pareillement aimoit si très-fort, qu'elle en estoit toute comme ravie. Le Duc s'en apperceut assez, si en tint sa fille mains saige. Assez luy dist & reprocha de mettre son amour en homme qu'elle ne congnoissoit ; mais oncques pour parolles ne menasses qu'il en sçeust faire, de l'aimer ne se voulut abstenir. Quant le Duc vit que pour chose que faire sçeust ne dire, sa fille ne se vouloit deporter d'aimer Gerard, il se pensa en luy-mesme qu'il luy donneroit à mariage, en luy semblant que

(a) *Poison*, potion, philtre.

mieulx ne povoit eſtre (*a*) aſſiſe. Un jour le
Duc aſſembla ſes Barons & Conſeil, auſquelz
il miſt la choſe en terme. Il n'y eut oncques
celuy qui au contraire voulſiſt aller ; mais tous
le louerent de ce faire, diſans la choſe eſtre
bien priſe, & que mieulx ne povoit eſtre aſſenée. (*b*) Alors le Duc en la preſence des Barons manda Gerard, ſi l'envoya querir & ſa
fille auſſi pour dire leur voulenté. Gerard reſpondit au Duc & luy diſt : Tel que je ſuis
m'avez fait, en vous eſt de moy commander,
preſt ſuis de faire voſtre vouloir. Et vous,
ma fille, ce diſt le Duc, il eſt temps que ſoyez
mariée ; ſe Gerard vouliez avoir, il eſt preſt
d'obéir & faire mon commandement. Ha ha
Sire, ſe diſt Euglentine, puiſque voſtre plaiſir eſt que ainſi ſe faſſe, commander me povez ; je ſuis preſte de l'avoir, ainçois (*c*) annuyt que demain ; jamais autre de luy ne
vouldray avoir. Alors le Duc & tous ceulx
qui là eſtoient commencerent à rire. Ma fille,
ce diſt le Duc, demain au matin feray venir
ma (*d*) Baronnie ; car je vueil que tous y ſoient,
ſi vous feray fiancer, puis le lendemain eſpou-

(*a*) *Eſtre aſſiſe*, être marié.

(*b*) *Aſſenée.* Ragueau dit qu'aſſenée eſt la dot ou
le bien accordé par Contrat de mariage à une femme,
en cas de viduité. Ainſi *aſſenée* veut dire ici que la
fille du Duc ne pouvoit être mariée plus avantageu-
ſement.

(*c*) *Aincois annuyt*, plûtôt aujourd'huy.

(*d*) *Ma Baronnie*, tous mes Barons.

fer. Sire , ce dist Euglentine , à vostre plaisir
soit ; mais plusieurs fois ay ouy dire que ce
que on peult faire ens ung jour , on ne doit
attendre le lendemain. Se par avant avoient
eu ris , encores le eurent ilz plus fort assez.  A
tant chascun se departit , si mena la Pucelle
Gerard jusques en sa chambre , où ilz firent
plusieurs devises. Puis s'en departit & vint en
son hostel , où il trouva son hoste qui grant
joye avoit de ses nouvelles : quant la verité
luy en fut dicte , il loua nostre Seigneur du
jour & de l'heure que Gerard vint en son
hostel. Gerard desiroit fort de sa mye tenir
entre ses bras; car advis luy estoit que ce jour
duroit plus de cent : mais pour soy (*a*) oublier
& passer temps , luy print voulenté d'aller
voler [*b*] atout son espervier pour le mieulx
[*c*] duire & apprendre. Son hoste appella , &
luy dist que avec luy se venist jouer , & que
autre que luy ne vouloit avoir avec luy. Alors
Adam le Gregoys son hoste pour complaire à
Gerard fist mettre les selles sur les chevaulx ,
puis les fist tirer hors de l'estable , si monterent dessus. Tant chevaucherent ensemble ,
Gerard ayant l'espervier sur le poing & son
hoste , qu'ilz yssirent de la porte. A cette heure
mesme Gerard saillit hors de Coulongne luy

(*a*) *Pour soy oublier* , pour oublier la longueur de
ce temps.

(*b*) *Atout* , avec.

(*c*) *Duire* , instruire.

& son hoste tant seulement. La belle Euglentine & Flourentine avec elle estoient sur une haulte tour montées , elles toutes deux appuyées à une fenestre : Euglentine (*a*) chastioit Flourentine en la blasmant de ce qu'elle cuydoit Gerard attraire à son amour , & elle luy respondoit le mieulx qu'elle povoit. Quant Gerard fut hors de la porte , il se retourna vers la Ville , si regarda & vit que à l'une des fenestres de la tour du Palais estoit celle que plus au monde il aimoit ; il appella son hoste & luy dist : Beaulx hostes , que vous semble-il , ne voyez-vous pas luire le soleil à cette fenestre ? à moy est avis que la tour est fort embelie , pource que je y voy apparoir celle que plus j'aime au monde , & à qui plus desire complaire : pour l'amour d'elle vouldray dire une chançon , affin qu'elle me puist ouyr , car espoir ay que le vent luy portera. Alors en commenca de chanter ; puis quant il eut sa chançon finée , tout en chevauchant contre val du [*b*] rin , il s'arresta ung peu si entreouyt la voix d'une aloette qui moult cler alloit chantant. Gerard oyant la voix d'une aloette se resjouit moult fort , sur les estriers s'estendit ayant souvenance de ses très-desirées amours Euglentine que aux fenestres avoit veue ariere , en recommença de chanter une

(*a*) *Chastioit* , reprenoit avec aigreur.

(*b*) *Contreval du rin* , en remontant le cours du Rhin.

chançon moult hault & cler en ſoy resjouiſ-
ſant, eſperant veoir la journée de ſes amours
jouir ; mais avant ce que Gerard euſt ſa chançon finée l'aloette qu'il avoit ouy chanter vint
joindre les aelles & ſoy aſſeoir devant luy.

---

## CHAPITRE VI.

*Comment Gerard atout ſon eſpervier alla voler*
  *aux champs, où il print l'aloette qui avoit en*
  *ſon col l'anelet de ſa mye Euriant, qu'il*
  *recongneut, par quoy il délaiſſa Euglentine,*
  *& alla querir ſa vraye amye.*

ALors Gerard ferit le deſtrier de l'eſperon, & oſta les longes de l'eſpervier &
ſi les bailla à ſon hoſte : l'eſpervier qui vit de
loing l'aloette ſe batit deſſus le poing. Gerard
laiſſa les [*a*] giez ſi laiſſa l'eſpervier aller :
l'aloette monta en hault, mais l'eſpervier ſe
haſta deſirant à prendre ſa proye. Tant vola
roidement qu'il la print, dont à Gerard fiſt
grant plaiſir. Il vint celle part [*b*] brochant,
puis tout coyement deſcendit à terre, & ſe
tint tout coye pour laiſſer l'eſpervier eſplu-
mer ſa proye. Puis s'approucha & print l'eſ-

----

(*a*) *Les giez*, les liens qui tenoient l'oiſeau ſur le
poing. En terme de fauconnerie on dit encore les jets.
(*b*) *Celle part brochant.* C'eſt à dire, il vint à toute bride à l'endroit où l'eſpervier avoit pris l'allouette.

pervier & l'aloette : de la cervelle le [a] repeut ;
puis au pluftoft qu'il peult luy fift [b] fon
droit. Quant l'aloette luy eut oftée , il regarda & vit que autour du col de l'aloette avoit
ung anelet moult riche : fi appella fon hofte ,
& luy montra l'anelet qui moult eftoit riche
& beau : la pierre eftoit belle & clere ; moult
fort la print à regarder , & tourna tant qu'il
la recongneut , & luy fembla qu'à fa mye Euriant l'avoit autrefois donné. Alors tout
coy & [c] taifant fe tint , que oncques il ne
fe remua , tellement que cependant on euft
bien efté une grant lieue & demye avant ce
que de là fe partift : d'yre & d'angoiffe fut
tout mué , auffi noir devint comme terre ; car
à cette heure luy reffouvint d'Euriant fa mye ;
à terre cheut tout pafmé : puis quant il revint à luy , moult fort fe print à blafmer &
dift. Las il m'eft advis que grand dommage
eft que je fuis en vie , quant j'ay perdu que
plus (d) j'amoye. Tant fe deconforte qu'il n'eft

(a) *Le repeut* , le fit repaître
(b) *Luy fift fon droit.* Ce terme n'eft point ufité
dans la fauconnerie. Il y a apparence qu'il doit fignifier qu'après avoir eû la gorge chaude de la cervelle de
l'allouette , il lui donna la langue , le cœur , le foye ,
& enfuite il luy fit tirer la cuiffe , quant il fut retourné
fur le poing.
(c) *Tout coy & taifant* , tout penfif & fans dire
mot,
(d) *Que plus j'amoye* , celle que j'aimois au deffus
de toute chofe.

nul , se veu l'eust , qui de luy ne print pitié.
lors s'escrie & bat ses [a] paulmes , & son espervier se commence à debatre , qui estoit
debonnaire sur ung (b) raynsel , & Gerard
d'autre part recommenca son dueil à faire le
plus grant que jamais sust veu par homme :
Helas pourquoy ne suis occis , quant une telle
faulseté ay commise ! las moy que fera celuy
dolant chetif ? grant dommage est que tant
suis en vie : O terre ouvre toy si m'engloutis,
pas ne suis digne d'estre veu des hommes. Son
hoste le veant ainsi estre desconforté , ne sçeut
penser qu'il peut faire , de ses yeulx luy
cheoient les larmes ; de la pitié qu'il eut de
luy , il descendit à terre à plus doulcement
qu'il peut , le prist à reconforter en luy disant. O mon très-chier Seigneur , delaissiez
vostre dueil , & me vueillez dire la cause de
vostre doleance ; car tant vous voy palle &
amorty , que jamais joye n'aray au cueur jusques à ce que le m'aurez dit. Ha ! mon hoste ,
ce dist Gerard , bien ay cause de douloir ,
dommaige est que je vis tant , quant par moy
& ma cause ay perdue celle que j'amoye , &
pour un autre l'ay mis en oubli , pour ce me
dueil & me plains ; car pieca l'ay perdue. Puis

(a) *Ses paulmes* , ses mains.

(b) *Raynsel* , de rain on a fait raynsel qui signifie
rameau , branche.

    *Si cueillis un rain d'eglantier.*

          *Rom. de la Rose.*

se dressa sus (*a*) à mont: Ha, ha! Sire, je vous prie que dire me vueillez ( mais qu'il (*b*) ne vous ennuye ) se vous avez autre amye que Euglentine, la fille du Duc. Ouy, mon hoste, ce dist Gerard, cent fois plus belle qu'elle n'est : bien sçay & appercoy en moy que par mon peché l'ay mis long-temps en oubly. Et pour ce jamais n'arresteray d'aller & cercer loings & près, jusques à ce que l'auray trouvée ou que aucunes nouvelles auray eu d'elle. Sire, ce dist l'hoste, que pourra dire Madamoiselle Euglentine quant telles nouvelles luy seront apportées ; jamais n'aura mary que vous : certainement (*c*) cuide sçavoir que se ainsi vous en allez sans à elle prendre congé, je croy qu'elle en mourra de dueil. Quant Gerard ouyt parler de Euglentine, pas ne scet (*d*) deviser comment il s'en puist departir, pour l'une & pour l'autre se deult. Or pourrons veoir lequel l'efforcera ou departir, ou charmes & sorceries, ou vraie & loialle amour. Se ainsi est Gerard s'eslongne de Euriant, & que avec Euglentine demeure, il semblera que sorcerie & charme valent mieulx que vraye amour qui vient de nature : mais se droit & raison ont lieu, amour qui vient de vou-

[*a*] *Se dressa sus amont*, se leva.
[*b*] *Mais qu'il ne vous ennuye*, si cela ne vous fait point de peine.
[*c*] *Cuide sçavoir*, je suis certain.
[*d*] *Deviser*, aviser.

lenté est trop plus grande & de *(a)* greigneur
force , plus courtoise & plus amiable que n'est
celle qui vient par subtil art de charme ou de
sorcerie. Et pour ce , raison contraignit Gerard de laisser Euglentine pour aller querir
Euriant , laquelle il ne delaissera pour mort
ne pour vie , jusques à ce qu'il l'ayt trouvée.
Alors mist pied à l'estrier , si monta sur son
cheval & [*b*] reclama son oysel : l'espervier
qui estoit duit & bien congnoissant son mais-
tre , luy vint saillir sur le poing , puis appella
son hoste & lui dist : Amy, cest espervier porterez à Euglentine que j'aime moult , si luy
direz de par moy que pour l'amour de moy
le vueille prendre & garder. A elle & à son
pere le Duc direz que moult de fois les remercie des grans honneurs & biens qu'ilz
m'ont faitz , en leur priant de par moy que
mes services vueillent tenir pour aggreables :
Dieu me doint le povoir que avant que je
meure vous puisses rendre les biens & services que vous m'avez faitz , en vous priant
que saluer me *(c)* vueillez Euglentine.

[*a*] *Greigneur* , plus grande.
(*b*) *Reclama* , rappella.
(*c*) *Saluer me vueillez Euglentine* , que vous
veuillez saluer Euglentine de ma part.

# CHAPITRE VII.

*Comment Gerard print congé de son hoste, &*
*luy bailla son espervier pour porter*
*à Euglentine.*

ATant s'en departit Gerard & print
congé de son hoste : il s'en alla luy seul
& sans compaignie, chevauchant parmi sen-
tier ; mais oncques son hoste ne se voulut departir jusques à ce que de ses yeulx ne le peult
plus veoir, puis le recommanda à Dieu. Alors
l'hoste atout l'espervier sur le poing monta sur
son cheval, si s'en retourna vers Coulongne,
où il entra [a] ens par la porte. Encores estoit
à la fenestre la belle Euglentine, appuyée en
regardant vers son amy ; mais quant elle vit
son hoste retourner seul, ung pou se print à
[b] esmayer, & luy tourna à grant ennuy
quant seul le vit retourner sans Gerard qu'elle
aimoit, advis luy estoit que trop estoit demourant, ja soit ce que jamais ne pensast que
d'elle se fust ainsi departy : si se reconforta
moult pensant en elle d'avoir aucunes bonnes

(a) *Ens*, dedans.
(b) *Esmayer*, s'attrister.
    *Ce fut au temps du mois de May*
    *Qu'on doit chasser deuil & esmay.*
               *Fontaine des amoureux.*

nouvelles de son amy qu'elle ne veoit ; car
Gerard alloit querant sa mye que long-temps
par avant il avoit aimée , mais Euglentine
ne le sçavoit pas , si regardoit tousjours se d'a-
venture le verroit venir. Quant elle vit que
point n'estoit venu , elle se [a] devala de la
tour & vint en la salle , où elle trouva Adam
le Gregoys , l'espervier de Gerard ayant sur
son poing. Quant elle le vit ainsi estre seul ,
l'espervier de Gerard sur son poing , pas n'at-
tendist qu'il venist vers elle , mais luy alla au
devant , & luy demanda où estoit Gerard son
amy. L'hoste , triste , dolant & courroucé ,
à voix basse & morne luy respondit. Madamoiselle , ce que je vueil dire , courroux ne
regretz ne vous y pourront aider ; & pour ce
vous conseille que de ce dont ne povez recouvrer, ne de menez grant douleur, car vostre
peine auriez perdue. Alors luy racompta &
dist ainsi comme la chose estoit allée de l'oysel,
& de l'anelet qu'il trouva autour de son col,
& du grant dueil qu'il demena quant l'anelet eut recongneu. Puis luy racompta & dist
le grant dueil & deconfort qu'il avoit de-
mené pour sa mye , & du serment qu'il avoit
fait de jamais non soy arrester jusques à ce que
sa mye eust trouvée que l'en disoit avoir perdue. Assez me pria & requist que de par luy
vous saluasse & que de ceste espervier vous

(c) *Elle se devala* , elle descendit.

fist present , lequel par moy vous envoye.
Quant la Pucelle entendit l'hoste , elle haulca
la paulme pour ferir l'espervier , pour l'occir & mettre à mort , se n'eust esté le Duc
son pere qui legierement luy osta hors des
mains en la blasmant , luy dist : O ma fille ,
que voulez-vous faire ? povre vengement auriez fait d'occir cest espervier , riens ne vous
a meffait. Mon pere , dist la Damoiselle, oncques homme tant ne meffist ; car le oysel a
esté trop (a) legier de prendre la proye qui a
esté cause de moy faire perdre mon amy. Alors
elle en commenca à faire ung dueil si grant ,
que leans n'y avoit homme qui d'elle ne prist
grant pitié , excepté Florentine à qui gueres
n'en chaloit. Moult grant dueil & tristesse
demenoit Euglentine pour son amy Gerard
qu'elle avoit perdu : il n'est riens qui la puist
reconforter , fors le Duc son pere ; qui tant
de choses luy promist de faire que ung peu fut
reconfortée , esperant que encores le (b) rara ;
il luy promist de l'envoyer querre & le chercher par tout pays : & se ainsi est qu'il ne
viengne , tel mary vous feray avoir , dont
vous serez à paix de cueur & delaisserez tout
courroux & yre. Ha , ha Sire , dist Euglentine , pour verité vueil que sachez que se je
ne l'ay , & vous me donnissiez l'Empereur
d'Allemaigne ou celuy de Constantinople , si

(a) *Trop legier* , trop inconsideré , trop indiscret.
(b) *Que encores le rara* , qu'elle l'aura encore.

ne le vouldroye je pas avoir ; jamais autre
mary n'aray fors Gerard que tant ay aimé.
Envoyez par ung Chevalier après luy , si luy
chargez qu'il le ramene: & par celuy , Dieu
qui me fit & forma , jamais autre que luy n'a-
ray à mariage. Le Duc oyant sa fille que en
nulle maniere ne la povoit appaiser se après
Gerard n'envoyoit, fist ung Escuier apprester,
si luy chargea de non retourner jusques à ce
que à Gerard eut parlé & tant fait par devers
luy , de avec luy le ramener. Quant Euglentine vit le messaiger apprester , ung peu se
prist à reconforter & à delaisser son dueil,
esperant d'avoir bonnes nouvelles. Le messaiger s'en partit si alla après Gerard , chevauchant au plustost qu'il peult : telle diligence
fit qu'il trouva les *(a)* esclos de son cheval ;
il se mist sus & le suivit jusques à une grande
forest , où il les perdit pour l'herbe qui y estoit
moult grande. Du messaigier vous lairrons
tant à parler , & retournerons à Gerard que
tout seul s'en alloit chevauchant pour trouver Euriant sa mye.

---

*(a) Les esclos de son cheval.* C'est à dire , les traces
des fers de son cheval. *Esclos* en vieux François signifie des sabots ; & comme cette espece de chaussure
est très lourde , l'Auteur apparemment par metaphore
appelle esclos les fers des chevaux.

# CHAPITRE VIII.

*Comment Gerard trouva ung Chevalier couché
dessoubz ung arbre, à qui on avoit osté sa
femme, auquel il ramena & si occist les
Chevaliers qui l'avoient ostée par force.*

APrès ce que Gerard se fut party de son
hoste Adam le Gregoys, & qu'il luy
eust baillé son espervier pour le bailler à Euglentine, il se mist à chemin ; maint mont
& mainte grande forest trespassa sans gueres
adventures trouver, dont on doye faire men-
sion ; mais oncques ne sçeut tant aller qu'il
peust trouver homme ne femme par qui il
peust sçavoir nouvelles de Euriant sa mye,
dont eut au cueur grant tristesse: Si luy advint ainsi comme il alloit ung jour chevauchant parmy une grande lande, il *(a)* choisit
de loing ung grant arbre, dessoubz lequel
avoit ung moult grant perron, où dessus
estoit couché ung Chevalier moult fort navré. Quant Gerard le vit, il s'en donna grandes merveilles, moult le prist à regarder : il
vint devers luy, si luy demanda par qui il
avoit esté ainsi navré. Le Chevalier oyant parler Gerard dreça ung peu le chief contremont,

*(a) Choisit, vit.*
**Tome II.**        C

& dift à Gerard : Sire , celuy qui ainfi m'a
navré , m'a par force oftée ma femme , laquelle j'avoye aujourd'huy efpoufée : moy
troifieme de Chevaliers m'eftoye aujourd'huy
mis à chemin pour la mener à mon Chaftel :
mais auprès d'icy demeure le Seigneur de
Durbus , ung traiftre & mauvais Chevalier ;
en Ardene a grant Seigneurie ; mon ennemy
mortel eftoit ; entre luy & moy avoit treves,
nonobftant ce en cefte foreft me guettoit :
puis quant il me vit paffer , il occit l'ung des
Chevaliers que avec moy avoie amené , l'autre s'en departit , après ce qu'il me vit par
terre navré , ainfi comme icy povez voir. Mais
trop plus m'eft grant defplaifir & ennuy de
ma femme qu'il m'a (*a*) tolluë , que des
plaies que j'ay reçeues. Gerard luy refpondit
& dift. Amy de voftre ennuy me defplaift : je
ne fuis de fer ne d'acier , & fuis defarmé fors
de mon efpée que j'ay ceinte , qui eft moult
bonne & bien (*b*) trempée. Sachez pour verité , fe j'avoie armes , heaulme , lance & efcu,
jamais n'arrefteroie jufques à ce que au Chevalier dont tant vous (*c*) doulez , je me fuffe
combatu , fe voftre femme ne vous rendoit.
Sire , ce dift le Chevalier navré , fe tant de

---

(*a*) *Tollue* , oftée , du Latin *tollere*.

(*b*) *Bien trempée* , d'un acier bien trempé.

(*c*) *Dont tant vous doulez* , qui eft caufe du deuil
dans lequel vous êtes.

courtoifie me voulez faire , allez , fi (*a*) defarmez ce Chevalier mort que vous veez là gi-
fant deffoubz ceft arbre. Gerard regarda celle
part , & vint vers le Chevalier mort , fi le
defarma de toutes fes armes & s'en arma au
mieulx qu'il peuft : puis vint à fon cheval ,
fi monta fus & prift congé au Chevalier navré , qui luy enfeigna la voie & le fentier , en
luy difant , fe ung peu fe vouloit hafter, très-
bien le pourroit (*b*) aconfuir. Gerard très-
defirant de tout fon cueur (*c*) refcourre la
femme au Chevalier , print à chevaucher le
galot après ceux qui la Dame emmenoient.
Tant fe hafta qu'il les aconfuivit : ils eftoient
trois Chevaliers. Gerard les prit à regarder ,
fi les vit eftre defcendus & leurs chevaulx at-
tachez aulx (*d*) tronces : puis regarda la Dame
qui demenoit grant dueil ; toute nuë l'avoie nt
defpoillée , excepté fa chemife ; eulx deulx la
tenoient par les bras , fi l'alloient battant de
verges, dont la Dame gectoyt les cris fi hau lt,
que pitié eftoit de loyr. Gerard tourna ce lle
part & vint vers eulx , & vit que la Dame
eftoit toute couverte de fang des battures
qu'ilz luy avoient faites. Gerard à qui en prift
grant pitié , moult courtoifement leur dift
que en paix la laiffaffent , & fur elle ne fe

(*a*) *Si defarmez* , & defarmez.
(*b*) *Aconfuir* , atteindre.
(*c*) *Refcourre* , recouvrer
(*d*) *Aux tronces* , à des troncs d'arbres.

voulſiſſent plus courroucer. Le Chevalier qui
ainſi l'alloit battant, tourna la teſte vers Gerard, ſi luy demanda ſe pour elle venger eſtoit
là venu ; puis luy diſt : Je croy que avant ce
que de nous puiſſiez eſchapper, que tel *(a)* loyer
en aurez comme elle. Gerard leur diſt : A ce
que je apperçoy de vous, advis m'eſt que
beau parler n'y vault riens : je cuide ſçavoir
pour certain, que quant ce viendra au *(b)* partir, legierement porterez le gain que vous
y ſçaurez faire : laiſſez la toſt en paix, & plus
ne la battez, car plus ne le ſouffreroye. Alors
les Chevalier oyant Gerard eulx menaſſer,
delaiſſerent la Dame ou chemin en ſa chemiſe, ſi monterent ſur leurs deſtriers en ju-
rant moult grant ſerment que ledit Gerard
ſeroit *(c)* detrenché. Gerard voyant les Chevaliers preſtz pour luy courre ſus, baiſſa la
lance en brochant le deſtrier de l'eſperon ; ſi
ferit le Seigneur d'eulx tous ſur ſon eſcu qui
eſtoit paint *(d)* à or ; ung coup ſi grant &
ſi merveilleux luy donna que oncques l'eſcu
ne le haulbert ne le peult garantir que la lance atout le fer ne luy paſſaſt oultre le corps,
& au *(e)* reſſacher qu'il fiſt ſa lance, l'abatit

---

(a) *Tel loyer*, belle punition.
(b) *Au partir*, à partager ſes depouilles,
(c) *Detrenché*, haché par morceaux.
(d) *Paint à or*, peint en or.
(e) *Au reſſacher qu'il fit ſa lance*, en retirant la
lance de ſon corps.

mort par terre. Les autres deux voyans leur Seigneur mort furent doulans & courroucez ; moult vivement vindrent courir sus à Gerard, pas ne luy donnerent loisir de coucher sa lance. Gerard qui en riens n'estoit esbahy , mist la main à l'espée , si en ferit l'ung d'eulx un coup si demesuré que le bras (*a*) atout l'espée luy abbatit ou (*b*)champs; mais les autres deux navrerent Gerard en la cuisse. Quant Gerard se sentit navré , par grant yre & courroux ferit celuy qui l'avoit navré ; si bien (*c*) l'assena sur le heaulme que tout le pourfendit jusques es dens. Les autres regardant les grans coups de Gerard qui moult [*d*] faisoient à redoubter , prindrent la fuite au plustost qu'ilz peurent. Gerard voyant d'eulx [*e*] la place estre delivrée , vint vers la Dame , si la fist revestir ; puis la fit monter à cheval. Quant la Dame se vit estre delivrée & ostée des mains de ceulx que à son mary l'avoient [*f*] tolluë , fut joyeuse plus que jamais ; moult courtoisement en remercia Gerard qui l'avoit delivrée , si luy dist : Ha ha! Sire, je vous prie

(a) *Atout* , avec.

(b) *Ou champs* , à terre.

(c) *L'assena* , le frappa. Menage derive ce mot du Latin *assignare* , parce qu'assener veut dire , frapper à un endroit où l'on visoit.

(d) *Faisoient à redoubter* , étoient à redouter.

(e) *D'eulx la Place estre delivrée* , qu'ils abandonnoient la Place.

[f] *Tolluë* , ôtée.

que dire me vueillez où vous me voulez emmener : bien est raison que par tout où aller vouldrez je voise sans faire nul refus, car la vie m'avez saulvée ; mais par vostre courtoisie me vueillez rendre à celuy à qui j'ay esté aujourd'huy espousée ; grant aumosne feriez, pas ne sçay s'il est mort ou vif : car au departir [a] que luy fis, par les Chevaliers que avez occis le laissay moult fort navré. Belle, soyez sure pour certain que je vous remeneray à vostre mary, que j'ay laissé seul dessoubz ung arbre : j'espoir que garde n'aura de mort. Tant s'esploicta Gerard, que luy & la jeune Dame, femme au Chevalier navré vindrent au lieu où il gisoit. Quant il vit sa femme estre venuë & ramenée par Gerard, pour la grant joye que en luy eut, entreoublia la douleur de ses playes. Alors Gerard mist pied à terre & mist la Dame jus du cheval, qui moult estoit [c] simple de son mary que ainsi veoit navré. Gerard print une [d] guimple que la

[a] *Au departir que luy fis*, au moment de notre separation.

[b] *J'espoir*, j'espere.

[c] *Simple.* Il y a apparence que simple signifie ici, triste, affligée.

[d] *Guimple*, bandeau ou cornette de femme. Borel prétend que le mot de guimple vient du Latin *vinculum*, parce qu'on en lie la teste.

> *Une guimple le Mire ploye,*
> *Qui moult fut belle & destiée,*
> *A donc à sa playe liée.*

*Perceval.*

Dame luy bailla, si en mist [a] à point le
Chevalier : puis luy demanda s'il pourroit
chevaucher & que voulentiers le conduiroit
jusques à ce qu'il fust en Ville ou en Chastel
à saulveté, car bon mestier avez de (b) Mire
pour faire visiter voz playes. Sire, ce dit le
Chevalier, bien doy louer nostre Seigneur,
quant il vous amena par deça ; puisque ainsi
est que ceste courtoisie me voulez faire, j'ay
ung Chasteau auprès d'ici, où j'ay laissé ung
mien parent ; se jusques-là me voulez conduire, à tousjours mais suis & seray vostre
Chevalier ; moy estant guery vous tiendray
compaignie en tous lieux où bon vous semblera. Ami, ce dist Gerard, ne faictes nul
doubte, jamais de vous ne (c) quiers partir
jusques à ce que en lieu seur vous auray
mis. Alors Gerard aida à monter le Chevalier
& la Dame, puis monta sur son destrier, si
se partirent tous trois ensemble ; tant s'exploicterent qu'ilz vindrent ou Chastel du
Chevalier navré. Quant leans furent entrez,
le cousin du Seigneur leur vint au devant,
moult esbahy & triste de veoir son Seigneur
navré, si luy demanda dont (d) ce luy venoit.

[a] *Si en mit à point &c.* il en arrêta le sang du
Chevalier.

[b] *Mire*, Medecin ou Chirurgien.

[c] *Ne quiers partir*, je ne demande point de me
separer de vous.

[d] *Donc ce luy venoit*, d'où ces blessures lui venoient.

C iiij

Alors le Chevalier luy racompta & dist la
chose ainsi que advenuë luy estoit : puis luy
racompta la maniere & comment par Gerard
estoit saulvé & mis à delivré & sa femme recousse des mains des quatre Chevaliers, dont
les trois avoient esté par Gerard occis. Alors
le parent du Seigneur sans plus attendre luy
& ceulx de leans coururent à l'estrier de Gerard pour le descendre, luy firent si grant
honneur que Gerard en fut esbahy ; car leans
n'y avoit homme ne femme qui ne s'efforçast
de luy faire honneur & service. Ilz descendi-
rent devant la salle, si menerent Gerard en
une chambre pour soy desarmer & aiser : son
cheval firent establer & luy donner foing &
avoine autant qu'il en povoit manger. Par
(*a*) leans furent moult dolans du Seigneur qui
estoit navré, mais pour l'amour de Gerard
se reconfortoient ; car il n'y eut celuy d'eulx
tous qui ne s'efforçât de luy complaire. Celle
nuit fut moult bien servy de ce dont il avoit
(*b*) mestier. Puis quant ce vint après soupper
& que temps fut d'aller coucher, en une
moult belle chambre le menerent : là avoit
ung lict moult richement paré, où il se dormit celle nuit, jusques ce vint le bien matin
qu'il se leva si alla ouyr la Messe. Après qu'il
eut ouy Messe, print une souppe en vin, puis
print congé du Chevalier navré & de sa fem-

[*a*] *Par leans*, dans le Château.
[*b*] *Mestier*, besoin.

me : affez de fois lui requirent & prierent qu'il voulfift fejourner leans ; mais oncques pour prieres qu'ils fçeuffent faire ne voulut plus arrefter ; il prit congé d'eulx, fi s'en partit en foy mettant à chemin : tant chevaucha par plains, (*a*) par bois, par larris & par champs, foreftz eftranges, qu'il vint en une grande vallée. Si regarda & apperçeut que ou milieu avoit une moult belle & clere fontaine, ou dedans veoit une très belle Pucelle toute efchevelée en l'eau jufques au col. Oncques de chofes que Gerard euft jamais veuë ne fut plus efmerveillé ; en foy alla penfant que c'eftoit fantafme ou aucune diablerie ; nonobftant ce, il fit le figne de la croix, fi approucha plus près en faluant la Pucelle. Quant en vit Gerard de Nevers, elle prift couleur (*b*) à muer, fi s'abaiffa & fut ung peu honteufe & dift : Sire, bon jour vous doint Dieu.

[*a*] *Par plains, par larris*, par plaines & par des pays qui ne font pas cultivez. Dans la baffe latinité on appelloit *larris, larricium.*

> *Tout au long d'un larris fauvage*
> *Plein de foffes, près de bocages.*

*Guiart.*

[*b*] *Elle prift couleur à muer*, elle changea de couleur.

# CHAPITRE IX.

*Comment Gerard combattit le Chevalier de Lan-*
*garde & l'occist, & comment il osta la Da-*
*moiselle de la fontaine laquelle le vouloit faire*
*murtrir en dormant.*

QUant Gerard eut salué la Pucelle & qu'elle luy eut rendu son salut, il luy requist & pria que dire luy voulsist qui avoit
esté celuy par qui elle souffroit si grant peine,
comme d'estre en ceste fontaine nuë jusques
au col. Sire, dist la Pucelle, oncques homme
vivant ne fit tel (*a*) derison à Dame ni à Damoiselle, ni à si peu d'occasion jamais ne fut
plus (*b*) merveilleux homme comme est celuy
qui m'a icy mise; moult voulentiers le vous
diroie se j'osoie aucunement : il est là sus en
ceste (*c*) garde, assez tost reviendra icy ; se
nullement il vous trouvoit avec moy, à grant
martire seroie livrée. Et pour ce, Sire, vous
requiers & prie que tost & hastivement vous
departez d'icy. Belle, sachez pour verité que

[*a*] *Desrison* ou *desroison*, tort, injure.
Rom. de Merlin.

[*b*] **Plus merveilleux homme**, homme plus sin-
gulier.

(*c*) *Garde*, & plus bas, *avant garde*. Il y a apparence que ce mot signifie une espece de gueritte d'où
l'on decouvroit de loing.

jamais d'icy ne partiray jufques à ce que
m'ayez dit la caufe ne pourquoy vous eftes là
mife, où tant de mal vous voy fouffrir. Alors
à voix moult baffe la Pucelle refpondit à Gerard & luy dift : Sire, gueres n'arez gagné
de le fçavoir, ne moy auffi par vous ne pourroie eftre allegée ; mais fe à la verité fçavoie
que en riens me peuffiez aider, moult voulentiers le vous diroie. Belle, ce dift Gerard,
je vous jure & prometz ma foy, que fe dire
le me voulez, je mettray tout mon pouvoir
& ma force à vous aider à ofter hors de ce
dangier, où je vous voy de prefent. Sire, ce
dift la Damoifelle, à ce que je voy de vous,
bien me femblez eftre homme de foy & de
(*a*) credence, & pour ce vous racompteray
la caufe pourquoy j'ay efté icy mife. Sire, il
eft verité que le Chevalier qui m'a icy mife
en cefte fontaine, me requift une fois que
aimer le voulfiffe ; tant me pria & requift que
mon amour luy octroiay : il m'aimoit moult,
& auffi faifoie luy, & tant que ung jour luy
& moy nous allames jouer aux champs ; plufieurs devifes eufmes enfemble ; moult fort
me requift que la verité luy voulfiffe dire
d'une chofe qu'il me vouloit demander : je luy
refpondis que la verité luy en diroie. Alors
il me demanda s'il y avoit au monde Chevalier plus bel, plus courtois, plus faige, ne fi

(*a*) *Credence*, croyance.

bien parlant comme il estoit. Je luy respon-
dis que je ne sçavoie au monde plus preux,
plus bel, ne plus saige Chevalier qu'il estoit,
excepté le bel (*a*) Damoisel de Nevers. Alors
quant il entendit que j'avoie loué au dessus
de luy le Damoisel de Nevers, il fut tant
troublé & courroucé sur moy, qu'il me dist
que pour le despriser l'avoye je dit. Incontinent me fist despouiller & mettre en ceste
eau, où je suis tous les jours une heure, &
me dist & jura sa foy que à tousjours mais tant
que je vivroye me (*b*) tenroit ainsi jusques à
ce que par Gerard de Nevers & par sa bataille
& sa force m'en auroit gettée hors. Sire, la
verité vous ay dicte, si vous prie & requiers
que me vueillez dire vostre nom. Belle, ce
dit Gerard, donc c'est vostre penitence par-
faicte, car je suis celuy qui vous doit delivrer ; par mon droit nom suis appellé Gerard de Nevers ; sage & bien advisée avez
esté quant la verité m'en avez dit. Ainsi comme ensemble alloient parlant & devisant, le
Chevalier monté sur ung noir cheval descendit de l'avantgarde : (*c*) tantost comme il vit
Gerard, moult hault le print à escrier & luy
dist : Vassal, moult grant oultraige avez
fait d'icy vous avoir aresté, jamais plus grant

(*a*) *Damoisel*. C'étoit un nom dont on qualifioit autrefois les jeunes gens de grande maison.
(*b*) *Tenroit*, tiendroit.
(*c*) *Tantost comme*, aussitôt que.

folie ne vous advint. Gerard le regarda
moult fierement, & luy dist : Dea , Chevalier,
pourquoy dictes-vous ce ? jamais ne croiroye
que à ceste cause me voulsissiez faire desplaisir.
Vassal , ce dit le Chevalier , vostre priere ne
beau parler ne vous y auront mestier , que
premier ne vous soit chier vendu de ce que
tant y avez arresté. Vassal , ce dit Gerard ,
puisque doulceur ne prieres n'y auront lieu ,
tost & hastivement vous tirez en arriere. Alors
sans plus dire se eslongerent l'ung de l'autre ,
puis retournerent chascun la lance baissée , si
ferirent des esperons les chevaulx : si s'entreferirent par telle force , que leurs lances leur
froisserent jusques ès poings. Les coups des
deux Chevaliers furent si grants , que oncques sangle ne poitrail n'y demoura entier ,
que tout ne fut rompu & cassé. Chevaulx &
Chevaliers tomberent par terre , puis ressaillirent en piedz , chascun l'espée ou poing , si
s'entreferirent de si grans coups , que leurs
heaulmes & escuz detrenchoient : jamais par
deux Chevaliers ne fut veuë plus fiere ne
cruelle bataille. Quant un espace se furent
combattus , le Chevalier de l'avantgarde se re-
trahit ung peu arriere , & pria à Gerard que
ung peu se voulsist retraire , puis luy requist
que son nom luy voulsist dire. Vassal , ce dit
Gerard , pour vous ne pour aultre ne vouldroye mon nom celler : sachez que je suis Gerard de Nevers. Or , puisque ainsi est que

mon nom sçavez, raison est que me dictez le voftre. Vaffal, ce dit le Chevalier, par mon droit nom suis appellé Baudram Dappremont, lequel avez fait le plus joyeulx que oncques fuffe en ma vie, de ce que voftre nom m'avez dit. Puifque vous eftes Gerard de Nevers, jamais ne beuvray vin, jufques à ce que voftre chief auray trenché jus de voz efpaules ; par mes mains vous convient mourir, impoffible vous eft d'efchapper. Quant Gerard entendit le Chevalier, moult fierement le print à regarder & luy dit : (a) Dam Chevalier, fe attendre voulez de boire & manger jufques à ce que m'ayez occis, affez pourrez attendre. Alors Gerard s'approcha de luy, fi leva l'efpée contremont en employant toute fa force, fi l'attaint fur le heaulme : le cercle d'or ni la coëffe d'acier ne le purent bien garantir ne faulver, que de l'efpée qui moult eftroit trenchant ne fuft pourfendu jufques es dens ; au rechaffer qu'il fift de l'efpée l'abatit mort par terre. Moult grant bien advint au pays d'Ardenes du Chevalier qui fut occis ; car jamais on n'avoit veu plus faulx ne plus defloyal

***

(a) *Dam* ou *damp*, Seigneur. Autrefois les Moines fe faifoient appeller Dam, comme encore les Chartreux mettent devant leur nom le Dom qui vient du Latin *Dominus*.

*Frere Barufle & Dam Freinin*
*Les attendens en lieu celé.*

*Coquillard.*

Chevalier , ne qui plus s'avifaft de faire ty-
rannies & toutes autres mauvaiftiez que jamais on n'avoit veu faire à Chevalier. Quant
Gerard eut occis le Chevalier , il effua fon
efpée , fi la reboutta dedens le fourreau ; puis
vint vers la fontaine , fi en tira hors la Damoifelle. Il vint à ung arbre auprès de là , où
les robbes de la Damoifelle eftoient penduës,
fi les luy bailla ; puis toft & haftivement fe
reveftit & para au pluftoft comme elle peut.
Quant elle fut du tout atournée , Gerard s'ef-
merveilla moult pour la grant beaulté que en
elle veoit eftre ; il la prift par la main fi l'affift empres luy à terre ; de fon (*a*) eftre , de
fon affaire & dont elle eftoit luy enquift &
demanda moult fort. Sire , ce dift la Damoifelle , puifque voftre plaifir eft le fçavoir , la
verité en fçaurez toute , pour riens ne vous
le celleroye : mon nom eft Denife de la Lande.
Belle , ce dift Gerard , je vous prie fe voftre
nom vous ay demandé , ne vous en vueille
defplaire , ne auffi fe ung peu me repofe
empres vous : deux jours y a que ne dormy ne
repofay , & fuis fi fort traveillé que à grant
peine me puis-je (*b*) fouldre. Sire , ce dift la

(*a*) *Son eftre* , fon origine.

(*b*) *Souldre* doit fignifier ici foûtenir. Les Heros de
Roman ne dorment gueres , & Gerard n'étoit pas ga-
land de s'endormir ainfi auprès d'une belle Damoifelle ; auffi en conçeut-elle fi mauvaife opinion , qu'elle
refolut bientôt de s'en defaire.

Damoiselle , pas ne m'en doit desplaire , je ne
seroie pas courtoise se de voftre repos avoie
desplaisir.

---

## CHAPITRE X.

*Comment Gerard s'endormit ou giron de la faulse
Damoiselle , & l'Escuyer qui l'esveilla.*

ALors Gerard se coucha & mift son chief
ou giron (*a*) de la Damoiselle , où il
s'endormit tantoft : il y geut moult longuement que oncques la Damoiselle ne se bou-
ga tant (*b*) ne quant. Ainsi que Gerard s'eftoit
endormy survint (*c*) illec ung jeune Escuyer
bel & courtois fut à merveilles : sur ung bon
deftrier fut monté , à son arçon avoit une
moult riche espée penduë. Il regarda la Damoiselle affise fur l'herbe tenant la main à sa
(*d*) maiselle , & ung Chevalier gisant fur son
giron : il s'approucha d'elle , si la salua moult
courtoisement. La Damoiselle luy respondit
moult bas que le très-bien fut-il venu. L'Escuyer luy demanda moult doucement qui
eftoit le Chevalier qui se dormoit sur son giron. Elle luy respondit moult bas : O mon

---

(*a*) *Ou* , au.
(*b*) *Tant ne quant* , non plus que lui , aucunement.
(*c*) *Illec* , en ce lieu.
(*d*) *A sa maiselle* , à sa joue.

très-doulx jouvencel , fachez que c'eſt le plus
faulx & deſloyal Chevalier du monde , le plus
crueulx que oncques naſquit de mere ; tout
droit a occis mon amy que là veez giſant ; je
n'attens que l'heure quant il ſera eſveillé d'eſtre
deshonnorée : pour Dieu je vous prie & requiers que tantoſt deſcendez à terre , ſi prenez voſtre eſpée & luy trenchez le chief ; &
je vous prometz que incontinent que l'aurez
occis je ſeray preſte de faire voſtre voulenté.
Quant le jeune (*a*) varlet entendit la Damoiſelle & la mauvaiſe voulenté dont elle eſtoit
pleine , qu'elle avoit machinée & conſpirée
en ſon courage , moult ſaigement luy reſpondit & dit en cette maniere : Damoiſelle , dit-
il , jamais oncques bien ne me puiſt advenir ,
ſe à celuy qui rien ne m'a meſfait , que pour
voſtre (*b*) dit luy face mal ne deſplaiſir : honny (*c*) ſoye ſe une heure (*d*) voys avec vous ;
bien devroie eſtre montré au doit ſe ung tel
murtre commettoye à voſtre ſeulle requeſte.
Jamais en vous n'aroie fiance , quant ung
tel Chevalier voulez fair emurtrir ſans le avoir

(*a*) *Varlet* ſignifie ici un Gentilhomme qui n'eſt
pas Chevalier.

(*b*) *Que pour voſtre dit luy face mal* , que par rapport à ce que vous me dites je luy faſſe aucun mal.

(*c*) *Honny ſoye* , que je ſois deshonnoré. De là vient
la deviſe de l'Ordre de la Jarretiere.

*Honny ſoit qui mal y penſe.*

(*d*) *Se une heure vois avec vous* , ſi je reſte une
heure avec vous.

(*a*)deffié, & en dormant: pour verité pourroie dire que autre (*b*) tel feriez de moy , domma- ge feroit d'ung fi bel Chevalier murtrir. Ain- fi comme ilz fe devifoient , Gerard s'efveilla fi faillit fus moult penfif, esbahy de ce qu'il veoit le jeune varlet fur ung deftrier. Le Jouvencel veant Gerard efveillé vint vers luy , fi le falua moult courtoifement. Amy , ce dift Gerard , Dieu te vueille garder. Alors la Damoifelle qui fe fentoit eftre (*c*) meffaicte vers Gerard, luy dift : Ha , ha ! Sire , mercy vous requiers, tenez ma foy ; car je vous prometz que ce que je dis ores à ce jeune Efcuyer , ce fut fors pour l'effaier. La Damoifelle defloyalle penfant que Gerard l'euft ouye , s'avanca (*d*) luy dire avant ce que l'Efcuier en parlaft. Damoifelle , ce dift Gerard , quant eut fçeu & entendu tout, grant dommaige eft que en vous eft tant grant beaulté , quant bonté n'y eft affife , mal eft employé en vous le beau corps & belle fac- ture , de tant nature a mal ouvré que bonté & vertu n'y mift : il me defplaift moult , pour telle que vous ay trouvée vous lairray icy , ne

(*a*) *Sans le avoir deffié* , fans l'avoir appellé au combat.

(*b*) *Autre tel feriez de moy* , vous en feriez au- tant de moy.

(*c*) *Se fentoit eftre meffaicte vers Gerard* , connoif- foit l'indignité de fon procedé envers Gerard.

(*d*) *S'avanca luy dire avant ce que l'Efcuyer en parlaft* , s'avifa de luy découvrir ce qu'elle avoit pro- pofé à l'Efcuyer avant qu'il en parlât à Gerard.

sa avant plus ne vous meneray. Autre chose plus ne luy dist, fors que il la recommanda à Dieu, si la laissa seulle ; puis prist congé du Jouvencel, qui d'autre part s'en retourna à tant. Alors Gerard luy seul sans compaignie prist son chemin par champs, par Villes & Chasteaulx pour chercher & enquerir de Euriant sa mye. Quant nouvelles n'en peut ouyr, à luy mesme se (a) dementoit fort. Tant alla Gerard chevauchant, qu'il [b] choisit une moult belle [c] coustiere, où il n'y avoit nulle terre à havable, fors, ores, hostages [d] & rivieres, sur laquelle il veoit tout au long le plus bel vignoble qu'il eust jamais veu. La riviere fut moult grande & large, par dessus avoit ung moult riche pont au bout. Puis [e] choisit ung Chastel très-fort & bien garny de murs & de tours, de chambres & de salles, si bien faictes, si richement compassées, tant delicieux & tant bel estoit à veoir, que oncques par homme plus bel ne fut veu. Mais d'une chose Gerard ne se peut assez esmer-

(a) *Se dementoit*, se contristoit.
(b) *Choisit*, vit.
(c) *Coustiere*, une côte.
(d) *Nulle terre à havable, fors, ores, hostages* C'est à dire, nulle terre où l'on pût aborder aisément ; mais seulement des rives, de la riviere & quelques hôtelleries : car il y a lieu de présumer que c'est cela que veut dire hostage, dont je n'ai pû trouver l'explication en aucun endroit.
(e) *Choisit*, vit.

veiller, de ce que autour du Chaſtel près ne
loing il ne paroiſſoit bourg ne maiſon, ne
nul bateau ſur la riviere que il veoit moult
groſſe.

## CHAPITRE XI.

### Comment Gerard vint en une lande, où il rencontra ung Eſcuyer, & de leurs deviſes.

QUant Gerard eut bien adviſé le Chaſtel,
il fut moult esbahy que ce povoit eſtre
d'une telle place ainſi aſſeullée, & que tout
autour eſtoit gaſté. Ainſi comme en ce penſer
eſtoit ſurvint ung Eſcuier qui venoit vers luy
moult grant *(a)* erre, monté ſur ung cheval
de chaſſe : l'Eſcuier eſtoit bel & droit. Quant
Gerard le *(b)* choiſit, il luy vint à l'encontre
& le ſalua moult courtoiſement, en luy priant
que la *(c)* voie du Chaſtel luy voulſiſt montrer. L'Eſcuier moult humblement luy rendit
ſon ſalut, luy diſt : Sire, pour Dieu mercy
gardez que toſt & haſtivement vous departez & vous en fuyez d'icy, car voſtre demeu-

*(a)* *Grant erre*, fort promptement

*Borel.*

*(b)* *Choiſit*, vit de loin.

*(c)* *La voye*, le chemin.

re vous pourroit (*a*) ennuyer : il n'est homm
mortel tant soit preux ne hardy qui seul osast
icy attendre ny arrester. Amy, ce dit Gerard,
pourquoy? ny (*b*) à quelle cause me dictes-vous
ceste chose ? je ne voy ne sçay rien pourquoy
je me doye espovanter, mais je vous prie que
dire me vueillez la cause à raison pourquoy
cestuy pays & ceste contrée est ainsi destruicte
& gastée. Sire, dist l'Escuier, ce lieu & ceste
contrée que ainsi voyez estre apovrie, (*c*) souloit estre tant riche, tant plantureuse, & tant
pleine de tout bien, que le pareil il n'estoit
au monde, ainsi comme aux (*d*) anciens ay
ouy dire. Verité est que aupres d'icy est demourant ung geant moult grant & hydeux à
veoir, lequel a destruit tout ce pays & toute
la contrée d'entour ; bourgade ne maison n'y
a laissé, & mesme le Chastel que vous voyez
il a destruit & mis à ruyne. Le geant dont je
vous parle a nom Burgalidus, & pour ce Sire,
je vous conseille, ou cas que vous n'ayez bon
(*e*) conduit, que tantost vous departez d'icy:
ou se aller voulez avant, il vous convient
prendre le chemin à dextre, affin (*e*) d'esche-

(*a*) *Ennuyer*, causer de l'ennuy, du chagrin.

(*b*) *Pourquoy ? ny à quelle cause me dictes-vous
cela* ? pourquoi ? & par quelle raison me parlez-vous
ainsi ?

(*c*) *Souloit*, avoit coûtume.

(*d*) *Anciens*, anciens habitans de ce lieu.

(*e*) *Conduit*, Sauvegarde, sauveconduit.

(*f*) *D'eschever*, d'éviter, de l'Italien *schifar*.

ver le peril & danger en quoy vous [*a*] encherrez , se tost ne tournez autre part ; car le
geant dont je vous parle n'espargne homme
du monde , qu'il ne preingne ou mette en prison , où il les detient en grant douleur. La raison pourquoy il fait ce , je la vous diray : il est
[*b*] passionné d'une maladie moult merveilleuse , qui deux fois la sepmaine le tient si
merveilleusement , que il n'estoit homme tant
soit hardy , qui n'ayt paour & hideur de
l'ouyr crier , si fort le contraint sa maladie ;
mais il se trouve allegé d'une chose que je vous
diray : les hommes qu'il prend & boute en sa
prison , il mange & destruyt l'ung après l'autre ; & par ainsi de sa cruelle maladie dont
il est tourmenté , est du tout allegé : homme
ne femme n'est icy autour demourant. En
ceste grande forest se tient , empres ceste grosse
riviere ; se plus attendons icy , mors ou prins
serons. Amy , ce dit Gerard , allez vostre chemin , jamais ne quiers retourner arriere jusques à ce que j'auray veu & visité ceste place ,
que la voy tant belle. Alors à très grant haste
l'Escuyer se departit & Gerard demoura seul :
tout le petit pas s'en alla vers le Chasteau.
Gueres ne fut allé avant , quant il vit & apperceut yssir de la Place ung Chevalier qui
avoit son chief enveloppé & couvert d'ung
manteau.

(*a*) *Encherrez* , tomberez.
(*b*) *Passionné &c.* tourmenté d'une maladie étrange.

# CHAPITRE XII.

*Comment Gerard rencontra ung Chevalier qui menoit avec luy sa femme & sa fille en demenant grant detresse.*

QUant Gerard le vit venir il alla celle part ; mais avant ce qu'il y peust estre, il vit que après le Chevalier venoit une Pucelle moult belle & gente, si bien formée & si bien faicte que en elle nature n'y avoit riens oublié. Aupres d'elle venoit sa mere demenant le [*a*] greigneur dueil du monde. Eulx trois, le pere, la mere & la fille yssirent hors de la forteresse, & après eulx venoient plourant la menue gent, qui estoient leurs sujetz & hommes. Se à ceste heure les eussiez veuz, à grant peine vous fussiez-vous tenuz de plourer. Gerard voyant ces grandes merveilles pour le grant dueil qu'ilz en faisoient, ne se peust assez esmerveiller, tres-desirant & couvoiteux sçavoir la cause de leur doleance, au plustost qu'il peut s'approcha d'eulx, & salua le Chevalier, qui moult humblement luy rendit son salut ; à voix basse & piteuse luy dit : Sire, bien soyez venu. Alors dit Gerard au Chevalier : Sire, se ennuyer ne vous cui-

______

(*a*) *Le greigneur*, le plus grand.

D iiij

doie, moult voulentiers sçaroie de vous la
cause de vostre doleance & de tous ceulx qui
après vous viennent. Le Chevalier rempli de
dueil & d'amertume luy dist : Sire, assez au-
roie à la raconter se mes douleurs & l'ennuy,
en quoy moy & ceste compaignie sommes, me
convenoit declairer. Se je pensoie qu'il ne
vous tournast à ennuy, dit Gerard, prier
vous vouldray qu'il vous plaise moy en racompter la verité. Vous en vouldray [*a*] compter, dit le Chevalier : En ce pays & assez
près d'icy est demourant ung geant grant &
horrible, qui se tient sur ceste riviere en
place forte à merveilles : rien ne passe par
cy, soit homme ou femme, qu'il ne preingne
& mette en prison. Si est advenu que j'avoie
sept Chevaliers [*b*] à filz, moulx preux &
hardis aux armes ; ung jour qui passé est les
prist & emmena tous sept. Si est ainsi que luy
& moy avons fait ung [*c*] parlement ensemble, par ung tel si, que une mienne fille que
j'ay, luy doy amener dessoubz ceste arbre que
la veez, par telle condition qu'il me doit
rendre mes sept filz, dont moy & la mere
avons au cueur telle douleur, que bien voul-
drions estre mors ; car pas ne sommes acer-

(*a*) *Vous en vouldray compter* : c'est à dire, je veux
bien vous le raconter.

(*b*) *Sept Chevaliers à filz*, sept fils Chevaliers.

(*c*) *Avons fait un parlement ensemble*, nous avons
parlementé ensemble & sommes convenus.

tenez [a] de ravoir nos sept enfans pour nostre tres-amée fille. Quant Gerard entendit le Chevalier, au cueur en eut grant douleur. Sire, dit Gerard, laissez dueil & pensez de vous reconforter; car moyennant la [b] grace, je feray tant que voz enfans [c] raurez trestous: faictes que j'aye armures, les miennes sont rompues & [d] frainctes. Ha, ha! Sire, dist le Chevalier, toutes les armures du monde ne vous pourroient aider ne prouffiter; car tant est le geant cruel & horrible, que ung grant (e) ost oseroit bien attendre. Sire, ce dit Gerard, trop m'ennuyez, que tant desprisez le confort & ayde que je vous vueille faire. Allez, si vous hastez de moy apporter armures fresches & nouvelles, vostre fille conduiray moy-mesme vers le geant pour vostre promesse acquitter, laquelle avec voz sept filz rameneray avec moy. Quant le Chevalier entendit Gerard & le haultain vouloir qu'il avoit, il le regarda moult fort; bien luy semble estre homme de haulte affaire; il le veoit estre grant & fort, & bien taillé de tous membres, en luy se print à reconforter. Tost & hastivement envoya querir en son Chastel armures fortes & bonnes, à Gerard les fist

(a) *Acertenez*, certains.
(b) *La grace*, la grace de Dieu.
(c) *Raurez*, recouvrerez.
(d) *Frainctes*, brisées, du Latin *fractus*.
(e) *Ost*, armée.

prefenter : puis le defarmerent , & fi le armerent des armures nouvelles ; il mift le heaulme ou chief fans laffer la [a] ventaille. Alors
le Seigneur print fa fille , fi la baifa tout en
plourant : & d'autre part auffi fit la mere , fi
la livrerent à Gerard. Quant es mains de Gerard l'eurent livrée , ilz s'en retournerent ou
Chaftel demenant le plus grant dueil du monde. Gerard & la Pucelle fe mifrent à chemin
& vindrent à l'arbre où le Geant devoient attendre : ilz defcendirent jus des deftriers , fi
s'affirent fur l'herbe à terre. Gerard fut moult
dolant & penfif , pour ce que à la Pucelle
veoit ung fi grant dueil demener , au plus
doulcement qu'ilz peult la reconforta en luy
difant : belle fille , ayez bon efpoir en vous,
& vous reconfortez en Dieu ; car au plaifir
de noftre Seigneur Jefus-Chrift , vous & voz
fept freres rameneray faulvement vers voftre
pere. Ainfi comme en ces parolles eftoient,
Gerard regarda aval au long de la riviere, &
vit l'horrible geant venir , amenant devant
luy les fept freres de la Damoifelle. Quant la
Pucelle vit venir le geant , elle cheut comme
toute pafmée de la grant paour qu'elle eut à
le veoir : affez de fois fe fouhaita morte ou en
la riviere noyée.

(a) *Sans laffer la ventaille* : fans lever la ventaille.
C'eft à dire , la partie inferieure de l'ouverture du
heaume qui fe joint au nazal quand on veut le fermer.

## CHAPITRE XIII.

*Comment Gerard combattit le geant & l'occist,*
*& comment il rescoust les freres Chevaliers &*
*la Damoiselle leur seur, & de la grant chiere*
*que le Chevalier pere aux enfans, luy fist.*

QUant Gerard vit le geant venir, il saillit *(a)* sus sans plus attendre ; la Pucelle
luy aida à lasser son heaulme. Gerard luy dist :
Belle, ores ne vous deconfortez ; car aujour-
d'huy serez delivrée de la grant paour où vous
estes. Gerard monta sur son destrier ; la Damoiselle luy bailla sa lance, & luy dist à son
departement que pour luy elle voulsist prier
Dieu. Quant le geant apperçeut venir Gerard vers luy, de la grant joye qu'il avoit se
venoit tout *(b)* poursaillant ; il ne prioit Gerard tant *(c)* ne quant ; il venoit *(d)* pasvoyant
une grant massue qu'il portoit tousjours, qui
estoit moult grande & horrible. Gerard ferit le destrier des esperons & baissa sa lance,
si *(e)* aconsuyvit le geant & luy donne ung

(a) *Saillit sus*, se leva.
(b) *Poursaillant*, sautant de joye.
(c) *Tant ne quant*, aucunement.
(d) *Pasvoyant*, se couvrant d'une grande massue,
comme d'un bouclier ou d'un pavois, du vieux mot
françois *pave*, qui signifie couverture.
(e) *Aconsuivit*, atteignit.

coup en la poitrine si merveilleux que sa lance vola & brisa en pieces. Alors le geant leva sa massue contremont pour cuider ferir sur Gerard : mais Gerard qui estoit bien duit aux armes, gauchit arriere si assena sur son escu ; se Gerard ne se fust destourné, moult grant dommaige lui eust fait pour le coup qui estoit moult grant & pesant, si vint descendant comme la fouldre plus d'ung grant pied dedans la terre. Gerard haulca l'espée quant il eut sa lance brisée, & frappa si grant coup sur le geant, qu'il le navra tellement que le sang en saillit de son cousté. Alors le geant cuyda tout vif enrager quant ainsi se sentit feru & fort navré, il leva sa massue cuidant ferir sur Gerard ; mais il faillit, parce que Gerard se destourna, & cheut le coup à terre. Gerard qui moult estoit desirant de occir le geant, au parfournir [a] son poindre, retourna & ferit le geant aupres de là où il l'avoit atteint par telle vertu de son espée qui moult estoit trenchante & affilée, que une playe luy fist en la cuisse si grande que le sang luy coula jusques à terre. Au passer que avoit fait Gerard, le geant leva sa massue cuidant ferir sur Gerard sur son heaulme ; mais il faillit de l'atteindre, pour ce qu'il gauchit ung peu arriere. Nonobstant ce il le aconsuivit sur l'arçon de la selle du destrier sur quoy Gerard

(a) *Au parfournir son poindre*, après avoir fourni sa carriere.

eftoit affis ung coup fi grant , bruyant comme tempefte , que le deftrier & la felle il fouldroya tout en ung mont. Se Gerard euft aconfuivy , jamais de Mire [a] ne luy euft efté meftier. Gerard veant fon deftrier mort fut moult dolent & non fans caufe : mais luy comme vertueulx Chevalier moult vivement fe geêta hors de la felle , l'efpée en la main , le heaulme [b] embrunchy , fon efcu avant mis , vint courir fus ou geant , fi le ferit de fon efpée ung coup à la retraiête , en l'affenant feur le coufte , où il luy fift encore une moult grande playe , dont le geant fut tant dolent, qu'il cuidoit vif enragier ; plus de ce que Gerard luy duroit tant , que de playe qu'il luy euft faiête. Le geant en très-grant hafte & yre haulça fa maffue en cuidant affener Gerard ; mais il faillit , parce qu'il s'achoppa à ung perron qui là eftoit , en telle maniere qu'il cheut (c) ades par terre , & que fa maffue luy faillit hors des poings. Alors Gerard luy courut fus avant ce qu'il fe peuft relever : il luy fift deux moultes cruelles playes , par quoy il fut fort endommagé ; le fang luy couroit hors du

(a) *De Mire ne luy eut efté meftier* , jamais il n'auroit eû befoin de Chirurgien.

(b) *Le heaulme embrunchy* , la vifiere de fon heaulme abbatue. *Embruncher* , couvrir. Voyez la notte 3. du Chap. 18.

(c) *Ades* , incontinent , de l'Italien *adeffo*.

*Borel.*

corps tant que l'herbe autour de luy estoit toute taincte de sang vermeil. Gerard remist son espée ou fourreau, & print la massue. Le geant comme forcené saillit sur piedz ; il vint vers Gerard, si luy donna ung coup de poing si grant que tout l'a estonné: puis se *(a)* rehasta & prist Gerard par l'escu ; si fort le tira que hors du col l'a arraché : puis à deux mains le leva contremont, si en ferit sur Gerard ung coup si grant, que tout à la renvers l'abatit par terre : le geant ne le peust *(b)* choisir pour la veue qu'il avoit couverte par le sang qu'il avoit perdu. La Damoiselle & tous ses freres veant Gerard estre par terre cuiderent tous qu'il fust mort, par quoy ils eurent telle paour & telle douleur, que tous cuidoient estre perdus : mais Gerard moult vistement saillit en piedz, la massue à deux mains contremont levée très desirant soy venger, le geant assena par tel *(c)* ayr sur la teste, que oncques la coëffe d'acier ne le peut garantir que la teste ne luy escartelast en telle maniere, que la cervelle luy en sailloit dehors. Le geant sentant le coup de la mort getta ung cry si tres-horrible que à l'ouyr estoit espouventable, & cheut mort par terre : au cheoir qu'il fist prist

---

*(a) Se rehasta*, ne perdit point de temps, se depêcha.

*(b) Choisir*, voir.

*(c) Air*, force, colere, du Latin *ira*.

ſi grant (*a*) flac , que à l'ouïr ſembloit ung gros arbre qui fuſt abatu : quinze piedz avoit de longueur quant il eſtoit en ſon (*b*) eſtant. La Pucelle & les ſept Chevaliers ſes freres veans le geant mort furent joyeulx à mer-veilles ; mais moult eſtoient troublez de ce qu'ilz veoient Gerard fort blecé. Pas n'eſtoit de merveilles ſe las & traveillé eſtoit pour les grans coups dont il avoit par le geant eſté feru, de detreſſe eſtoit paſmé par terre. Alors les ſept Chevaliers ayant grant joye , & leur ſeur qui commença à haulte voix à crier & diſt : Par ma foy jamais à nul jour de mon vivant n'aray mary ſe je n'ay celuy que (*c*) je voy navré à mort pour mon amour & moy reſ-courre es mains de ce diable adverſaire. Se pour moy meurt , je prie Dieu que la mort me ſoit prouchaine , car après luy jamais plus ne(*d*)vueille vivre. Alors le Chevalier du Chaſ-tel & la Dame vindrent vers leurs enfans , ſi les baiſerent l'ung après l'autre ; puis haſtive-ment vindrent vers Gerard qu'ilz trouverent giſant par terre , ilz vindrent vers luy ſi luy eſſuerent le ſang & la ſueur qu'il avoit ou vi-ſaige , qui luy couvroient toute la veue. Alors

(*a*) *Priſt ſi grant flac* , fit ſi grant bruit.
(*b*) *En ſon eſtant* , quand il étoit debout.

*Alain Chartier.*

(*c*) Voilà le mouvement le plus favorable pour ſe marier avec un homme, afin de devenir bientôt veuve.

(*d*) Les ſermens des Joueurs & des Amoureux n'o-bligent point.

Gerard revint de pafmoifon, fi faillit fus &
dift à une voix moult haulte : Dieu me doint
cefte grace que encores puiffe trouver Euriant
ma mie, par qui j'ay eu maint mal & mainte
peine ; mais pas ne m'en doit defplaire, car
vers elle l'ay bien (*a*) defTervy. La Damoifelle entendit Gerard, fans plus attendre cheut
pafmée : fon pere, fa mere & fes freres vindrent vers elle, fi luy arrouferent fon vifaige.
Quant à elle fut revenue, ilz luy dirent que
pas n'eftoit fage, quant encore ne fçavoit la
voulenté du Chevalier ne quelle chofe il vouldra faire. Ha, ha ! Sire, dift la Pucelle, ores
entendis du Chevalier qu'il fit ung [*b*] reclam
moult piteulx pour une fienne amye que il
nommoit Euriant, par qui il difoit avoir
tant de maulx fouffert, lefquelz il portoit
bien en grez. Ma fille, dit le Chevalier, de-
laiffez voftre dueil & courroux, nous yrons
à luy parler. Ilz vindrent vers Gerard, fi le
trouverent couché fur fon efcu : ilz s'agenouillerent devant luy, fi le defarmerent du tout ;
puis d'eau-rofe luy arrouferent fon [*c*] viaire.
Après le Seigneur luy dit : Sire, pas ne fçay
voftre nom, mais je vous prie que dire me
vueillez comment vous vous fentez, & fe advis vous eft que efchapper puiffiez ? Sire, ce

(*a*) *Deffervy*, merité.
(*b*) *Un reclam*, une plainte, du Latin *clamare*.
(*c*) *Viaire*, vifage.

*Jean Melun au Codicile.*
dit

dit Gerard, j'ay esperance en Dieu que de mort n'aray garde ; jasoit ce que par cest ennemy ay esté moult fort blecié, meshuy m'en yray avec vous en vostre Chastel ; car se demain povoie estre guery, tantost me mettroye en chemin pour aller en une queste, où il convient que je voyse. Quant Gerard se sentit ung peu revenu, il se leva sus & se mit à chemin avec eulx vers la forteresse. Au devant de luy vindrent tous ceulx de leans demenant la plus grant joye du monde ; tous luy alloient escriant : Sire, à bonne heure venistes par deça, de grande servitude nous avez mis en franchise ; benoist soit le pere qui vous engendra & la mere qui de vous fist portée, quant du terrible geant nous avez delivrez. Alors tous ensemble à grant joye & lyesse entrerent dedans le Chastel. Si grant joye faisoit le Seigneur, la Dame & tous les enfans à Gerard, que saouler ne se povoient de le avoir assez remercié. La Pucelle assez doulcement luy faisoit de moult piteulx regards, & disoit en soy que jamais jour de sa vie plus beau jeune Chevalier n'avoit veu : Que ores plust à Dieu que je fusse sa mye, mais que aimer me daignast. Alors de tous costez les varletz & Escuyers saillirent avant ; chascun s'efforçoit de servir Gerard : en une chambre fut mené si le devestirent, ce qu'il avoit de playes luy misrent à point, en chair n'estoit gueres

navré, par quoy [*a*] il se deust coucher, fors
de grans coups & pesans qu'il avoit receuz,
dont il estoit las & travaillé. Puis luy firent
apporter blancs draps, linges ; il les vestit &
para : ung mantel d'escarlatte luy apporterent
qu'il vestit, puis l'amenerent en la salle. Tous
y accoururent pour le veoir ; car si bel, tant
grant & droit le veoient, que tous disoient
l'ung à l'autre que jamais plus bel jeune Chevalier n'avoient veu. Les tables furent mises
& le disner prest ; ilz laverent les mains, puis
s'assirent : les sept Chevaliers freres servirent
Gerard à disner que oncques Gerard ne peut
tant faire de les faire seoir avec luy. Le Seigneur & la Dame s'efforcerent tous de le
consoler & luy faire honneur & feste. Souvent le regardoit la Pucelle qui auprès de luy
fut assise ; grant desir avoit en soy que prier
la voulsist d'amours ; mais à Gerard gueres
ne chaloit, car autre part avoit mys son cueur.
Moult richement furent servis à ce disner de
ce que pour lors on povoit avoir. Quant assez eurent mengé & beu, les nappes furent
ostées ; puis laverent, après se leverent de table. Gerard appella le Seigneur & luy dist :
Sire, grant mestier m'est de moy partir pour
achever & mettre à fin une chose que j'ay
emprinse, & pour ce à ceste nuyt, avant que
le matin viengne vueil prendre congé de vous,

(*a*) *Par quoy*, pour que.

remerciant du bien & honneur que m'avez
fait. Sire ce dit le Chevalier, en moy n'est
vous rendre le service & courtoisie que fait
m'avez à moy & à tous mes enfans ; du ser-
vage où nous estions nous avez remis en franchise, à tous avez la vie saulvée. Ma Terre &
mon avoir vous requiers que vueillez prendre
& ma fille, pour laquelle deffendre vous estes
mis en si grant peril ; car ce ne (*a*) fust vostre
haulte prouesse, à tousjours mais estions en
exil, loué soit nostre Seigneur & vous qui de
ce peril nous avez getté. Alors firent allumer
les torches : il print congé du Seigneur, de la
Dame & de sa fille. Les sept freres le emme-
nerent en sa chambre, où son lict fut moult
richement appareillé : après ce, baillerent le
vin & s'en partirent, deux Escuyers y laisserent pour servir Gerard & aiser. Après il se
coucha, luy qui estoit moult traveillé, jusques ce vint le matin qu'il se vestit & para,
& vint en la salle tout appresté, où il trouva
le Seigneur, auquel il pria moult doulcement
que ung cheval luy voulsist prester. Sire, ce
dist le Chevalier, de cheval ne povez faillir,
car tout ce qui est ceans est vostre ; mais, Sire,
je vous vouldroie bien prier que si tost ne
vueillez partir d'icy, si attendez tant que
soyez plus fort. Ha ! Sire, ce dist Gerard,
je vous prie que du demourer ne me parlez

(*b*) *Ce ne fust*, si ce n'eût été.

E ij

plus ; je vous ay dit que beſoin m'eſt de partir d'icy pour parfournir mon voyage : long-
temps y a que l'ay promis , & pour ce , Sire ,
me pardonnez , car autrement ne le puis faire.
Sire , ce diſt le Seigneur , puiſqu'il vous plaiſt
& que eſtre ne peult autrement , voſtre
voulenté povez faire , ſoit d'aller ou de demourer. Alors luy fiſt amener ung cheval
moult fort & puiſſant , tout le meilleur de
ſon eſtable.

# CHAPITRE XIV.

*Comment Gerard print congé du Chevalier & de
la Dame , & du grant dueil que demena la
Pucelle quant elle vit partir Gerard.*

Gerard après le congé prins au Seigneur &
à la Dame , l'eſpée ceinte , monta ſur
ſon deſtrier. La Pucelle ſachant la nouvelle
du partement de Gerard , en piedz , ung bas
blanc de ſoye , les cheveux eſpars ſur ſon
corps , ayant un (a) Chapelet de roſes ſur ſon
chief : vint accourant devant la ſalle , où elle
le trouva monté ſur ſon deſtrier pour ſoy partir. La freſche couleur de ſon beau viſaige
eſtoit plus enluminée que la roſe n'eſt en main
qui eſt coulourée de blanc & de vermeil ; les

(a) *Chapelet* , une guirlande ou couronne.
*Rom. de la Roſe.*

yeulx avoit beaux & vers, les sourcilz traictifz (*a*) , le corps bien fait , les bras longz ,
les mains blanches , bien faites ; ung bien petit avoit soubzlevé ses (*b*) draps, par quoy on
povoit bien appercevoir son petit pied ; car
de la grant haste qu'elle eut à venir son orteil
avoit bleçé à l'encontre d'une pierre , tant
que le sang en sailloit dehors. Lors quant
elle vit Gerard estre monté sur son destrier ,
par force d'amours vint vers luy & le salua
moult haultement , & puis print le destrier
par le frain de la bride , si luy dist : Ha , ha !
Sire, pour Dieu mercy vueillez prendre pitié
de moy & ne m'occiez pas ; la grant amour
que j'ay eu à vous jusques à icy ne vous ay osé
dire devant ce que du tout fussiez guery , car
bien cuidoye que ceans deussiez longuement
demourer. Belle , ce dist Gerard , je vous jure
loyaulment & prometz que en moy n'est plus
de demourer , partir me convient d'icy ; mais
je vous prie que le congé vous plaise à moy
donner. La Pucelle veant que nullement ne
povoit tant faire vers luy que leans voulsist
demourer , elle fut moult dolante. Gerard
les commanda tous à Dieu , & eulx tous prierent à nostre Seigneur pour luy, fors la Pucelle
qui demenoit grant douleur. Gerard se partit
du Chastel , si passa la porte & le pont , puis
entra en son chemin , moult fort prit à che-

(*a*) *Traictifz* , doux , gracieux.
(*b*) *Ses draps* , ses juppes.

vaucher ; ſouvent luy ſouvint de Euriant.
Tant chevaucha celle journée ſans aucune adventure trouver , que à racompter fuſt que il
(*a*) choiſit devant luy ainſi comme à heure de
Veſpres ung Chaſtel moult bel & fort ſeant
ſur une riviere , le Chaſtel eut nom Mouſſon.
Il paſſa le pont & la porte penſant en luy-
meſme que celle nuyt vouloit demourer pour
en chercher & ſçavoir s'aucunes nouvelles
pourroit ouyr de Euriant ſa mye. Quant dedens le bourg fut entré, il vit une femme veuf-
ve aſſiſe devant ſon huys , ſi luy requiſt que
celle nuyt le voulſiſt hebergier. La Dame luy
reſpondit courtoiſement que moult voulentiers le feroit : il entra dedens l'hoſtel ; aſſez
trouva varletz & ſerviteurs qui luy prirent
ſon cheval ſi le miſrent en l'eſtable , les autres
le menerent en ſa chambre : le ſoupper fut
preſt & les tables miſes. La Dame ſe deviſoit
à Gerard en le tenant (*b*) en parolles , affin qu'il
ne luy ennuyaſt. Alors fut apportée l'eau ſi
laverent , puis luy & l'hoſteſſe s'aſſirent: moult
grandement furent ſervis. Puis quant ce vint
après ſoupper & qu'ilz furent levez de table ,
Gerard priſt congé de la Dame , & s'en alla
dormir juſques ce vint le matin qu'il s'eſveilla;
jaſoit ce que celle nuyt dormiſt bien peu , car
toute la nuyt n'avoit fait que penſer à ſa mye
la belle Euriant. Quant il vit qu'il fut cler jour

(*a*) *Il choiſit* , il vit de loin.
(*b*) *Le tenant en parolles* , l'entretenant.

il se leva : sa selle estoit sur son cheval mise
il alla ouyr Messe & print une souppe en vin.
Puis print congé de son hostesse, si monta sur son destrier & se partist de la Ville par
la porte où il estoit entré. Toute cette mati-
née ne fina de chevaucher tant qu'il vint assez près de Mex : si pria Dieu devotement que
de sa mye Euriant peust ouyr quelques nouvelles. Ainsi en faisant ses prieres se trouva
en une lande moult grande & planiere, où
il prist fort à chevaucher, & tant que sur
dextre il (*a*) choisit venir grant foison de
gens, Chevaliers & Escuyers faisans mener
devant eulx grant foison de harnois, malles
& bahuz. Gerard desirant sçavoir de leurs
nouvelles, les (*b*) seurattendit ung peu, affin
que avec eulx peust chevaucher & leur en
querre des nouvelles : tant les seurattendit,
que il se mist en leur compaignie.

(*a*) *Il choisit venir*, il vit venir.

(*b*) *Les seurattendit*, les attendit. C'est un mot
composé de sur & d'attendre, mais que je ne crois pas
avoir une signification plus forte que le simple.

## CHAPITRE XV.

*Comment Gerard vint à Mex & trouva en son chemin gens qui alloient, & luy dirent comment par une femme estrange la seur du Duc avoit esté murtrie, & venoient illec pour la juger.*

QUant Gerard se fut meslé avec eulx, moult courtoisement leur prist à demander à qui estoit le riche harnois dont ilz estoient conducteurs. Sire, ce dist l'ung d'eulx, tout le harnois est au Comte de Bar, lequel vient icy après nous, si va à Mex pour une pitoyable adventure que n'a gueres y est advenuë. Le Duc de Mex, nepveu de Monseigneur avoit une sienne seur germaine, laquelle de (a) nouvelle a esté moult piteusement murtrie par une femme (b) estrange, qu'il trouva en une forest au retour qu'il fit de saint Jacques, où il avoit esté en pelerinage. Tant estoit aimée du Duc & si grant fiance y avoit mise, que du tout le gouvernement de sa seur luy bailla, chascune nuyt couchoit avec elle : & bien sachez que se n'eussent esté ses Barons & Conseillers, il l'eust espousée & prinse à femme pour la grant beaulté, bonté & sa-

(a) *De nouvelle*, tout nouvellement.
(b) *Estrange*, étrangere.

plence que en elle apparoiſt eſtre. Quant Gerard ouit l'Eſcuyer qui luy diſoit ces nouvelles , il luy demanda combien de temps il y
avoit que le Duc l'avoit amenée. Celluy s'appenſa (*a*) ung peu , puis luy en dit la verité.
Gerard ayant ouy l'Eſcuyer penſa ung peu en
luy-meſme , & dit qu'il (*b*) convenoit que
ce fuſt ſa mye Euriant , ſelon le jour & terme que par le Duc avoit eſté amenée de la
foreſt , où il l'avoit laiſſée. Si ſe teuſt à tant
ſans plus en riens enquerre, car advis luy eſtoit
que luy eſtant venu en la Cité plus amplement
le pourra ſçavoir. Au pluſtoſt qu'il peut ſe partit d'eulx & vint à Mex , & fiſt tant qu'il arriva en ung des meilleurs hoſtelz de la ville :
toſt après luy y arriva le Comte de Bar ; par
le Duc de Mex ſon nepveu fut (*c*) haultement reçeu & mené en ſon Palais. La joye
& la feſte à la venue du Comte fut moult
grande : mais de la feſte & de la venuë Meliatir ne tenoit gueres de compte ; bien euſt-il
voulu à ceſte heure avoir eſté en Hieruſalem
ou à ſaincte Katherine , moult dolant eſtoit
que Euriant n'eſtoit arſe & bruſlée. D'autre
part Gerard eſtant venu en ſon hoſtel & en
ſa chambre manda ſon hoſte que on nommoit
Thibault , ſi luy pria que avec luy voulſiſt

(*a*) *S'appenſa ung peu* , réva un peu.
(*b*) *Qu'il convenoit* , qu'il y avoit lieu de pré-
ſumer.
(*c*) *Haultement* , magnifiquement.

difner. L'hofte veant Gerard à fon femblant
eftre homme yffu de haulte paraige , luy accorda moult voulentiers. La table fut mife fi
fe affirent , ilz beurent & mangerent à leur
plaifir : puis quant ilz eurent difné & qu'ilz
furent levez de table , Gerard requift à fon
hofte que tenir luy voulfift compaignie jufques au Palais , pour ce qu'il avoit ouy dire
que jugement fe devoit faire d'ung crime que
on  dit eftre commis par une Damoifelle ef-
trange , & que bien fait feroit d'y aller ; car
en oyant plays , procez , jugemens  & autres
chofes touchant juftice , l'on povoit moult apprendre. Lors luy dift Gerard en cefte maniere:
Je m'efmerveille fort les caufes dont *(a)* peut
mouvoir à cefte Damoifelle , de ainfi avoir
murtry celle dont tant eftoit aimée. Et pour
ce , beaulx hoftes, je vous prie que me vueillez ainfi dire comment la chofe eft allée , fe le
fçavez. Sire , dit l'hofte , puifque fçavoir le
voulez , par moy pourrez ouyr toute la verité.
Alors luy racompta & dit tout au long , ainfi
que la chofe eftoit advenuë : ainfi  parlant
enfemble , s'en allerent jufques au Palais.
Quant là furent venuz , ilz virent grant affemblée de Barons & Chevaliers. Le Duc de
Mex & le Comte de Bar fon oncle eftoient

*(a) Les caufes dont peut mouvoir à cefte Damoi-
felle* , les raifons qui peuvent avoir engagé cette Demoifelle.

aſſis ſur un (*a*) faudeſteul pour ouyr & eſcouter ceulx qui la Damoiſelle vouldroient ac-
cuſer. Gerard & ſon hoſte ſe boutterent en la
preſſe avec les autres pour les eſcouter & ouyr:
gueres ne furent là arreſtez, quant ilz virent
ung aſſez ancien Chevalier qui ſe leva du ſiege
où il eſtoit aſſis, parent eſtoit de Meliatir:
ſa cauſe en commença de plaidier d'ung langaige moult affaicté, ſi dit tout hault, voir,
après ce que par les deſſuſditz Seigneurs luy
avoit eſté commandê de parler. *Mes très-re-*
*doubtez Seigneurs, pour ce que par vous & voſtre*
*commandement ay eſté contraint & requis de*
*parler, il n'eſt aujourd'huy treſor au monde que*
*avoir voulſiſſe, que droit & raiſon, juſtice &*
*loyaulté ne voulſiſſe conſeiller. Mais s'il vous*
*plaiſt, ſans plus en riens dire, pour ceſte fois*
*je me tairay touchant ceſte matiere, & raiſon le*
*doit, car je ſuis prochain parent à Meliatir. Or*
*pour riens ne vouldroie dire ou mettre avant choſe*
*dout on euſt ſouſpection ſur moy ; qui mieulx le*
*ſçaura, ſi le die.*

[*b*] *Faudeſteul*, fauteuil. Menage dit que ce mot
vient du Latin *faldiſtorium*.

*Roman de Merlin.*

# CHAPITRE XVI.

*Cy devise comme les Barons estoient à conseil
pour juger la belle Euriant à mort, & comment Gerard emprist à combattre à l'encontre
du Chevalier qui l'avoit accusée à tort & sans
cause.*

QUant le Seigneur de Nauvy eut finée sa
raison & que autre chose ne vouloit
dire, le Seigneur d'Appremont leva en piedz
& dist : *Seigneurs, se vostre plaisir est de moy
ung peu entendre, de ceste chose vous en diray
mon advis.* Verité est que l'homme qui entreprent
à faire ung jugement, fait grant mal & pechié,
se il ne dit la juste verité ; jamais à tort jugement
ne se doit faire, & s'on ne sçet loyalle occasion
pourquoy ung juge doye juger homme ou femme.
Ja avez ouy Meliatir qui veut dire & maintenir que celle Damoiselle a esté prinse en fait
prouvé du murtre dessusdit, ayant la main sur
le coustel dont la seur du Duc a murtry. Quant
est à moy, jamais ne croiray, & est impossible
que se ceste Damoiselle eust commis le crisme dont
elle est accusée, que jamais elle ne se fust arrestée
ny attendue d'avoir esté trouvée au fait, mais
s'en fust fuye ou se fust mussée en lieu que par
nul homme n'eust esté trouvée ; jamais ne se fust
endormie avec elle après un tel faict. Oncques tel

hardiement ne fut en homme ny en femme , s'ilz
n'estoient hors de leurs sens : quant est à moy , jamais ne le croiroie : elle fut trouvée dormant , sachez qu'en ce point ne le feriez mye ; & aussi en
veillant jamais ne l'eust ferue que tost & hastivement ne s'en fut fuye comme j'ay dit , & soy mise
à saulveté. Si conseille que on voise vers elle &
que on luy demande s'elle a commis & faict le
murtre dessusdit. S'elle dit (a) *nom* , il convient
que Meliatir preigne la lance & l'escu pour ce
que luy-mesme s'efforce , & est hastif & prompt
de luy prouver le faict contraire , & que elle sans
autre il veult maintenir qu'elle a murtry la seur
du Duc. Se chose (b) est que la Dame trouve
Champion qui pour elle se vueille combattre , Dieu
luy pourroit aider , car selon mon advis la Damoiselle n'y (c) a coulpe. Alors tous les Barons
& Chevaliers dirent du commun accord ,
que jamais meilleur conseil ne plus droictu-
rier n'avoit esté dit ; si conseillerent tous au
Duc que la Damoiselle envoyast querir. Par
son commandement la belle Euriant fut amenée devant le Duc & ses Barons qui là estoient
presens. Sachez que du mal & du desplaisir
qu'elle avoit eu fut plus jaulne que cire. Quant
devant le Duc fut venuë , il luy demanda
pourquoy ny à quelle cause elle avoit esté si
hardie d'avoir ainsi murtry sa seur. Sire , dit

[a] *Nom* , non. C'est à dire , si elle nie le fait.
(b) *Chose est* , s'il arrive.
[c] *N'y a coulpe* , n'est point coupable.

Euriant , oncques jour de ma vie le crime ne
commis : s'il est trouvé & sçeu à la verité que
crlle trahison & murtre aye perpetré , j'aban-
donne mon corps pour en faire telle justice
que par vous & vos Barons sera advisé. Alors
Gerard saillit avant , & dit en ceste manieré
devant tous les Barons qui y estoient : Si je
me offre pour elle à cause & son droit deffendre , je dis & vueille maintenir que se Meliatir veult dire ne prouver qu'elle ayt commis
le murtre dont par luy a esté encoulpée , je
suis celuy qui vouldra prouver pour elle que
oncques celle chose ne luy advint. Alors Meliatir saillit avant & dist : Vassal , sachez que
autre chose je ne demande ; car avant ce que
le vespre soit venu vous en receverez la mort,
& la desloyalle en sera arse & bruslée en ung
feu d'espines : riens n'est aujourd'huy au monde que avoir voulsisse , que à l'encontre de
vous ne me combatisse. Vassal , ce dit Gerard,
vostre hault parler & vos orgueilleuses menasses me feront peu esbahir ; car tel menasse à
la fois qui a grant paour : je croy que avant
que le vespre soit venu on verra lequel de nous
deux se pourra (*a*) gaber de son compaignon ;
à nul Chevalier ne appartient soy vanter ne
dire chose dont à autruy puist desplaire. Se
je trouve Baron ou Chevalier qui telle cour-

[*a*] *Gaber* , se moquer , railler.
    *Les enfans gaberent Elisée.*
               *La Bible historiaux.*

toisie me vueille faire de moy prester armes,
dès maintenant suis prest de la querelle cette
Damoiselle deffendre. Quant le Seigneur
Dappremont ouy Gerard plaindre *(a)* d'armures, il luy dist : Sire Chevalier, pour armures ne destrier ne demourez à deffendre la
Damoiselle, car vous en feray bailler telles &
si bonnes, que je pourray *(b)* finer.

[*a*] *Plaindre d'armures*, demander des armes.
[*b*] *Finer* signifie en vieux François, venir à bout
de quelque chose ; & par consequent il veut dire ici,
que je pourrai venir à bout de vous en trouver.

----

# CHAPITRE XVII.

*Comment Gerard desconfit Meliatir, & luy fit
congnoistre la trahison qu'il avoit faite.*

ALors incontinent sans plus attendre le
Duc fit le champ apprester & faire les
lices ainsi que pour lors estoit accoustumé de
faire. Puis firent allumer ung grant feu, si
menerent au preau Euriant : moult grant pitié estoit à la veoir. Assez de gens estoient là
prians que son Champion Dieu aider & secourir voulsist. Gerard alla en son Chastel, où
il se fit armer des armes que le Seigneur Da-
premont luy avoit fait porter. D'autre part
Meliatir s'en alla armer, triste & desplaisant
de ce que Euriant n'estoit arse, laquelle estoit

devant le feu, où elle faisoit à genoulx & aux mains jointes une devote oraison à Dieu, en luy priant que son Champion voulsist aider & secourir, aussi vrayement que à tort estoit (*a*) encoulpée. Pas n'avoit recongneu son Champion ; car elle estoit en telle paour que mieulx ressembloit estre morte que vive, & aussi pas n'avoit getté sa veuë sur luy ne sur autre ; son entente estoit à prier Dieu qu'il le voulsist aider à tous ses besoings. Les deux Champions furent menez es lices, montez chascun sur ung puissant destrier. Gerard voyant Euriant auprès du feu par grant (*b*) hayr appella Meliatir & luy dit : Vassal, temps n'est de menasser, or y paroistra qui le fera mieulx : je vous deffie (*c*) de Dieu & de la Vierge Marie sa mere. Alors se prindrent à eslonger, puis vindrent brochant de l'esperon l'ung sur l'autre ; si baisserent les lances, dont ilz s'entreferirent de si grans coups que leurs lances rompirent & esclaterent : puis misrent les mains aux espées, dont ilz s'entredonnerent de si grans coups & si rudes, que les estincelles de feu faisoient saillir des heaulmes : moult fort & asprement se com-

---

[*a*] *Encoulpée*, accusée.

[*b*] *Par grant hayr*. Je crois qu'il faut lire, pas grand *air*. C'est à dire, par grande colere ; à moins que l'on ne veuille dire que cela signifie, par la grande haine qu'il portoit à Meliatir.

(*c*) *De Dieu*, avec l'aide de Dieu.

battirent ;

battirent ; au bien (*a*) ferir s'abandonnoient.
Il n'y eut celuy qui ne fuſt navré tant que le
ſang leur couroit juſques à l'eſperon. La belle
Euriant à nudz (*b*) coutes & à nudz genoulz
prioit noſtre Seigneur que aider voulſiſt ſon
[*c*] Champion , auſſi vrayement que oncques
jour de ſa vie n'avoit eſté cauſe de la mort de
la belle Iſmame. Gerard & Meliatir ſe combat-
toient aux eſpées , dont ilz ſe donnoient de
grans coups & horribles à veoir. Meliatir fut
moult aſpre (*d*) Chevalier & hardy; il leva ſon
eſpée contremont, ſi ferit Gerard ſur le heaulme ung ſi grant coup, que, s'il n'euſt gauchy,
il l'euſt pourfendus juſques es dens. Alors
Meliatir luy eſcria : Vaſſal , je croy que aujourd'huy vous montreray la grant folie que
avez entreprins de vous avoir oſé combattre
à moy : jamais plus beau jour ne verrez , ſe
ainſi eſt que à moy ne vous rendez vaincu.
Gerard oyant Meliatir le commença moult
fort à regarder , ſans ce que ung ſeul mot
luy voulſiſt reſpondre. Il tint l'eſpée en ſa
main dextre , ſi ferit Meliatir à deſcouvert
ſur le heaulme par telle fierté , que la (*e*) lu-

(*a*) *Au bien ferir s'abandonnoient*, mettoient toute
leur adreſſe à bien porter leurs coups.

(*b*) *A nudz coutes* , les bras nuds juſques aux cou-
des.

(*c*) *Champion* , défenſeur , celui à qui il eſtoit permis de ſe battre en duel.

(*d*) *Aſpre* , terrible , du Latin *aſper*.

(*e*) *La lumiere* , la viſiere du caſque.

Tome II.            F

miere luy abatit & trencha jus : l'espée avala , descendant par telle guise que le nez & la moitié du menton luy abatit jus : le coup fut si grant & si pesant , parce que Gerard y avoit toute sa force employée , qu'il vint descendant comme fouldre sur le col du cheval de Meliatir, tant qu'il luy couppa tout jus, & fut force à Meliatir de tomber par terre luy & son destrier. Alors Gerard luy escria à haulte voix & luy dist : Vassal , desormais je vous conseille que voz vantises & haulx parlers vueillez refraindre : assez de foys ay ouy dire que trop parler nuyt , si est vilainie de trop tenser & de menasser grant folie , car au *(a)* departir on pourra veoir lequel de nous deux aura victoire. Meliatir soy voyant par terre fut moult esmerveillé , tost & hastivement saillit en piedz , l'espée ou poing , affermant en son courage que mieulx aimoit estre mort, que à Gerard ne rendit guerdon du dommaige qu'il luy avoit fait ; car tant & si grant angoisse sentoit, que gueres ne s'en failloit d'estre de son sens *(b)* yssu. Lors il tourna l'escu sur son dos , puis à deux mains leva l'espée contremont & ferit Gerard sur son heaulme ung coup si grant & si horrible , qu'il fut ainsi comme tout estonné , dont les Barons qui là estoient assemblez s'esmerveillerent moult , &

(a) *Au departir* , avant de nous quitter.
(b) *D'estre de son sens yssu* , de perdre le sens & la raison.

diſoient que Meliatir eſtoit moult chevalereux & homme de très haulte affaire , & que
grant dommage eſtoit de les laiſſer combattre.
Alors Gerard moult honteux de ce que Meliatir luy avoit tant reſiſté & duré , ſi s'approucha de luy l'eſpée ou poing : & alors luy
ſembla que grant honte luy ſeroit de le combattre à cheval, ſi ſaillit tout de plain (*a*) eſlays
jus du deſtrier; ſi s'approcha de Meliatir, très-
deſirant de luy rendre le coup qu'il luy avoit
baillé ; ſi haulca l'eſpée & le ferit ſur l'eſpaule
dextre ung ſi grant coup & ſi demeſuré , que
le bras avecques l'eſpaule luy abatit par terre
(*b*) ou champ. Puis de ſon corps le vint heur-
ter de ſi grant force & roideur qu'il l'abatit
par terre , & puis luy ſaillit ſur le corps & luy
trencha le (*c*) laz du heaulme , ſi luy arracha
hors de la teſte , en luy diſant qu'il ſe teniſt
pour oultré & vaincu. Alors Meliatir con-
gnoiſſant ſon peché , par lequel il ſe veoit en
danger de mort, diſt à Gerard que le Duc & les
Barons fiſt venir & la verité congnoiſtroient
du grant crime que luy-meſme avoit commis.
Les gardes du Champ qui là eſtoient preſens
firent ſigne au Duc & aux Barons que là
voulſiſſent venir pour ouyr ce que Meliatir
vouldra dire. Le Duc commanda qu'il fuſt

(*a*) *Eſlays* , eſlans , ſaut.
(*b*) *Par terre , ou champ :* par terre , dans le lieu du
combat.
(*c*) *Le laz* , le lacet.

amené devant les eſchaufaulx , & pareillement
la Damoiſelle qui à ceſte heure eſtoit devant
le feu en attendant la grace de noſtre Seigneur.
Après le commandement du Duc , Meliatir
fut par Gerard amené devant le Duc ; & autres Chevaliers & Sergens amenerent la noble Damoiſelle. Quant là furent venuz , Meliatir encommença à dire tout hault qu'il eſtoit
digne de mort , & que à tort & ſans cauſe il
avoit encoulpée la Damoiſelle. Puis leur racompta mot après la cauſe ne pourquoy il
avoit commis le murtre & mis deſſus à la Damoiſelle Euriant , laquelle devant Dieu & le
monde il *(a)* deſcoulpoit du murtre & de la
grant trahiſon que luy avoir mis deſſus. Le
Duc ſon oncle & tous les Barons ne ſe peurent aſſez esbahir d'avoir ouy confeſſer à Meliatir le terrible crime , ſi le jugement fut à
eſtre pendu & traiſné. Alors Meliatir fut pris
de toutes pars & ſaiſy , ſi l'attacherent à la
queuë du rouſſin ſi fut trayné , puis le pendi-
rent aux *(b)* fourches. Mais oncques ne fut
ſçeu ne veu à homme tant recevoir d'injures
& maledictions que le peuple alloit faiſant
après luy ; meſmement les petits enfans luy
alloient gettant de boue & d'ordure en luy diſant : O faulx & très deſloyal ! trop as veſcu
ſur terre , quant par ta maulvaiſe trahiſon as

*(a) Deſcoulpoit ,* declaroit innocente. L'on en a fait
*diſculper.*
*(b) Aux fourches ,* aux fourches patibulaires.

murtry Ismame nostre Damoiselle. Mais pour chose qu'ilz luy dissent ne respondit ung seul mot, & fut mené tout traynant jusques aux fourches, si fut payé de sa (*a*) desserte.

(*a*) *Fut payé de sa desserte*, de son crime suivant ses merites.

---

# CHAPITRE XVIII.

*Comment le Duc de Mex & ses Barons firent grant honneur à Gerard & à sa mye Euriant, & des recongnoissances qu'ilz firent.*

APrès ce que le (*a*) champ fut fait & justice accomplie, le Duc print Gerard par la main si le fit monter sur son destrier, si le mena dedans la Cité de Mex : luy & son oncle l'amenerent jusques à son hostel, où à grant joye & honneur par son hoste fut moult bien reçeu. Le Duc print congé de luy & le Comte de Bar son oncle, avec eulx la belle Euriant. Après ce que ou Palais furent venus, le Duc envoya ses Medecins vers Gerard pour sçavoir & adviser se playes avoit ou autres bleceures dont il fust en danger. Ilz vindrent en l'hostel de Gerard, si (*b*) l'adviserent, mais oncques en luy ne trouverent

(*a*) *Le champ fut fait*, le combat fut fini.
(*b*) *L'adviserent*, examinerent ses playes.

chose par quoy il deust laisser à chevaucher
ni aller où bon luy sembleroit. Quant Gerard
eut esté visité par les *(a)* Physiciens du Duc,
ilz prindrent congé, si s'en partirent & retournerent vers le Duc, auquel ilz racompte-
reut tout ce que en Gerard avoient trouvé,
dont il fut moult joyeulx. Le Duc regarda
Euriant, si luy demanda se point congnoissoit le Chevalier qui pour elle s'estoit combattu. Sire, ce dist-elle, je ne sçay qui il est,
& ne m'est point advis que jamais le veisse ;
& aussi peu *(b)* ou neant l'ay regardé : Dieu
par sa grace luy vueille rendre le grant service
qu'il m'a fait, en moy n'est luy remercier,
fors de prier pour luy. Ung peu vous lairrons
*(c)* ester de Euriant, & retournerons à Gerard qui est en son hostel, où il s'estoit fait
desarmer & aiser au mieulx qu'il peult. Son
hoste luy fit apporter robbe, pourpoint &
chausses neufves, & ung riche manteau d'escarlate, fourré d'hermines : puis mist ung
chappeau de roses sur son chief, & luy attacherent ung *(d)* fermail moult richement garny de pierrerie. Quant il fut vestu & paré,
plusieurs Barons & Chevaliers qui là estoient

(*a*) *Physiciens*, Medecins.
    *Les Physiciens m'ont tué*
    *Par les brouillies qu'ils m'ont fait boire.*
                       *Pathelin.*
(*b*) *Aussi peu ou neant*, très-peu ou point du tout.
(*c*) *Ester de Euriant*, à parler d'Euriant.
(*d*) *Un fermail*, une agraffe.          *Borel.*

venuz le louoient & prifoient, difans entre
eulx que oncques jour de leur vie plus beau
jeune Chevalier n'avoient veu, ne que mieulx
femblaft eftre homme de haulte affaire. Il partit de fon Hoftel, moult richement accompaigné vint à la Cour, où il trouva le Duc
& fon oncle le Comte de Bar, par qui il fut
moult courtoifement receu. La belle Euriant
le prit moult fort à regarder, fi le recongneuft
(a) tantoft : moult fort fe print à treffaillir en
foy efmerveillant quelle chofe elle pourroit
faire, ou d'aller vers luy, ou d'attendre que
par luy fuft recongneuë ; à elle même difoit :
O vray Dieu ! que feray-je ? vers luy iray-je,
ou fe je attendray qu'il vienne vers moy ? certes, je croy que jamais n'y viendroit, car de
moy ne luy eft (b) tant. Alors fans plus mot
dire, comme une femme (c) ravie, non fçachant
qu'il [d] luy euft advenu, aux yeulx pleins
de larmes, les mains jointes s'en vint getter
devant luy, luy requerant que pardon & mercy voulfift avoir d'elle. Alors Gerard qui bien
la congnoiffoit, la voyant ainfi à genoulx
plourer & plaindre devant luy, la print par
les deux bras, fi la leva contremont & la baifa

(a) *Tantoft*, auffitôt.

(b) *De moy ne luy eft tant*, il ne fait pas affez de
cas de moi pour cela.

(c) *Ravie*, tranfportée de joye.

(d) *Non fçachant &c.* c'eft à dire, ne fçachant pas
que c'étoit pour l'amour d'elle que Gerard avoit combattu.

plus de cent fois. Le Duc & les Barons non
sachans leurs adventures se prindrent fort à
esmerveiller, car l'ung ne l'autre ne congnoissoient, par quoy ilz estoient tous en desir de
plus avant en sçavoir de leurs adventures. Belle,
ce dit Gerard, prenez reconfort en vous;
l'adversité que avez eu, & le mal que vous &
moy avons souffert devons prendre en gré, &
louer nostre Seigneur, puisque tous deux nous
a amenez jusques icy. Sachez, belle, que au
plaisir de nostre Seigneur je (*a*) rauray ma
Terre, car à tort & sans cause par Liziart
Comte de Forest vous & moy avons esté trahis. Le Duc & les Barons les oyant parler furent plus esmerveillez que devant : Le Duc
pria à Gerard que dire & racompter luy voulsist son affaire, de quoy il (*b*) avoit congnois-
sance à ceste Damoiselle pour qui il s'estoit
combattu. Sire, ce dist Gerard, puisqu'il vous
plaist le sçavoir, par moy vous en sera la verité dicte. Sire, sachez que je suis nommé Gerard de Nevers, & ceste Damoiselle icy est appellée Euriant, fille au Comte de Savoye, avec
laquelle j'ay esté nourry toute ma jeunesse en
l'hostel de mon pere. Si advint n'a pas long-
temps que par maladie le Comte son pere mou-

(*a*) *Je rauray ma Terre*, ma Terre me sera res-
tituée.

[*b*] *De quoy il avoit connoissance*, comment il con-
noissoit.

fut : elle & moy, eſtant (*a*) la Comteſſe ſa
mere, nous encommençaſmes de tant aimer
l'ung l'autre, qu'elle me fiſt promeſſe de s'en
venir avec moy, ou cas que luy promiſſe de
la prendre à femme : je luy promis que le
feroye. Alors manday querir aucuns de mes
Barons pour lors eſtans en ma Comté de Nevers : elle & moy adviſames heure & temps de
nous partir. Tant nous exploictames & fiſmes
telle diligence que en celle nuyt partiſmes de
Chambery, paſſames le mont du Chat & veniſme au giſte à Rouſſillon, ſans avoir quelque empeſchement : puis le lendemain matin
veniſme à Bourg en Breſſe ; tant exploictames
de jour & de nuyt que veniſmes & arrivâmes
à Nevers. Alors racompta au Duc en la preſence de ſes Barons la maniere & comment il
avoit ſa Terre engaigée, & de la grant trahiſon faicte & perpetrée par Liziart le Comte
de Foreſt à luy & à Euriant. Après leur racompta toutes les adventures que depuis il
avoit euës. Le Duc & les Barons oyans Gerard parler en racomptant ſes adventures le
tindrent tous à grant merveille ; jaſoit ce que
autrefois en avoient ouy parler, mais pas ne
ſçavoient à la verité comment la choſe avoit
eſté demenée. Gerard, ce dit le Duc, veez
icy le Comte de Bar mon oncle & moy que
nous offrons à noſtre pouvoir vous ſervir &

[*a*] *Eſtant la Comteſſe ſa mere,* du vivant de la
Comteſſe ſa mere.

accompaignier jusques à ce que vostre Terre
sera remise en vostre main. Là n'y eut Baron
ne Chevalier qui ne le promist de le servir,
chascun à son pouvoir. Gerard les en remercia
moult de fois ; il tenoit la belle Euriant par la
main, laquelle luy dist : Sire, la Verge d'or
que dernierement me donnastes ay perdue,
par la plus merveilleuse adventure dont jamais
ouyssiez parler. Alors elle luy compta ainsi
comme elle l'avoit perdue, comme par cy-devant le povez avoir ouy. Gerard & ceulx qui
là estoient de ceste chose s'esbahirent, & encores plus assez quant à Gerard ouyrent racompter & dire la maniere comment par son
espervier l'anelet avoit esté retrouvé,& que par
la Pierre qui y estoit avoit esté recongnu : il
prit l'anelet, si le mit en son doy où autrefois
l'avoit porté ; pas n'en eust voulu avoir autant (a) pour une Cité. Par leans se devisoient
ensemble des grandes adventures & fortunes
qui à Gerard estoient advenues ; tous luy faisoient honneur & à sa mye Euriant. Le disner fut prest, puis s'assirent à table. Gerard
firent asseoir audessus ; Euriant fut assise entre le Duc de Mex & le Comte de Bar. Des
metz & entremetz dont ilz furent servis ne
vous vueille faire long compte ; car si richement furent servis, qu'il n'est nul que riens
y sçeust à dire. Quant ilz eurent mangé, ilz

[a] *Pas n'en eut voulu avoir autant &c.* ne l'auroit pas donné pour la valeur d'une Ville.

se leverent si se prindrent à deviser ensemble, parlans des adventures de Gerard & de Euriant sa mye.

---

## CHAPITRE XIX.

*Comment Gerard vint au tournoy à Montargis, & passa aux Monstres.*

A Ceste heure qu'ilz se furent levez de table arriva leans ung jeune Escuier moult beau, courtoys & bien appris. Quant il vit le Duc, moult humblement le prist à saluer. Le Duc qui bien le congnoissoit luy dit tout en soubzriant, que bien venu fut-il, & que dire luy voulsist de ses nouvelles. Sire, dit le jeune Escuier, le Comte d'Aloz mon Seigneur vous mande salut par moy, lequel j'ay laissé à Montargis, où à present ay laissé le Roy & tous les haulx Barons de France. Si advint que mardy après soupper, Liziart le Comte de Forest & le Comte de Montfort eurent plusieurs haultaines parolles, & tant que le Comte de Montfort reprocha à Liziart que par grant mauvaistie il avoit esté cause d'avoir detruit Gerard de Nevers & Euriant sa niepce, amye au Comte Gerard ; & par luy & par son fait eulx deux estoient allez en exil. Tant hault monterent les parolles d'ung cousté & d'autres, que par grant haine ilz ont emprins ung tournoy , où chascun d'eulx doit estre accompaigné de ses amys : & pour ce vous mande vostre cousin le Comte d'Alloz que vous mettez à point , & vous appareillez pour à ce jour estre au tournoy : car le Comte Montfort par le grant dueil & courroux qu'il a eu pour sa niece qui est perdue , a mandé tous ses parens & amys. Le Duc ayant ouy le messaigier fut joyeulx à merveilles ; mais sur tous autres Gerard le fut plus que nulz : telle joye & liesse en eut au cueur pour les bonnes nouvelles , que advis luy estoit qu'il fust desja au tournoy , moult desirant la journée de veoir l'heure que son ennemy Liziart peust rencontrer. Quant le Duc eut entendu le messaige il appella son (*a*) Seneschal , & luy commanda que cent harnois fist apprester , les parures & houssemens tous blans , en intention d'accompaigner Gerard de Nevers , à qui il desiroit moult faire service , & luy aider tant qu'il eust sa Terre , que Liziart avoit saisie par mauvaistie & trahison moult grande. Le Seneschal ayant le commandement du Duc fist tout ce dont il estoit chargé , & fit appareiller cent

[*a*] *Seneschal* dans les anciens Romans a deux significations, il est souvent pris pour Maître d'Hostel , & quelquefois pour celui qui portoit la Banniere ou l'Enseigne.

*Senechaux ice , m'Enseigne portera.*
C'est à dire , Il est mon Seneschal, il portera mon Enseigne.

*Roman d'Aubry le Bourguignon.*

harnois blancs, cent heaulmes & cent lances
avec les houſſemens pareilz tous blans comme
neige. Quant le Duc vit ſa beſongne appreſtée
il fut moult joyeulx: ſes deviſes (*a*) prit à Gerard & luy dit que par droit & raiſon il devoit bien aimer ſa mye, car par pluſieurs fois
il l'avoit requiſe qu'elle ſe voulſiſt conſentir de
l'avoir à mariage; mais oncques ne s'y voulut
aſſentir pour don ne promeſſe que luy ſçeuſſe
faire: tousjours me diſoit pour ſon (*b*) eſcon-
dy, que tout ſon temps avoit eſté folle femme,
& de la plus mauvaiſe & deſloyalle vie que jamais femme peuſt eſtre: oncques ne s'y voulut conſentir, car moult voulentiers l'euſſe
prinſe, ſe n'euſt eſté par mes Barons qui le me
deſconſeillerent. Quant Gerard entendit le
Duc, il eut au cueur grant joye, tous les travaulx & peines que pour elle avoit ſouffert,
à celle heure mit en oubly, pour l'amour de
ce qu'elle ſi bien s'eſtoit (*c*) portée. Sire, ce
dit Euriant, pas ne vous aimoit celuy qui ſi
grant peine a mys de vous avoir eſlongné de
moy; mais voſtre peine & travail eſt aſſoula-
gé, puiſque trouvé m'avez: loué en ſoit noſtre Seigneur, quant pour nous a voulu telle
grace faire, auquel devons prier que le de-

----

  (*a*) *Ses deviſes priſt à Gerard*, ſe prit à raiſonner
avec Gerard.
  (*b*) *Pour ſon eſcondi*, pour autoriſer ſes refus.
  (*c*) *S'eſtoit ſi bien portée*, de ce qu'Euriant s'éto[i]t
ſi bien comportée.

mourant vueille conduire & parfaire ainſi
qu'il ſçet que (*a*) meſtier nous eſt. Ainſi comme ilz eſtoient en ces deviſes , le Comte d'A-
loz arriva en la Cité de Mex , ſi vint deſcendre ou Palais , & monta amont les degrez en
grant compaignie de Chevaliers. Avant ce
que de ſa venue le Duc en fut riens adverty ,
il entra leans : quant le vit eſt venu , il le
courut embraſſer , ſi luy racompta la venuë
deGerard de Nevers dont il fut moult joyeulx:
il vint vers luy ; ſi le print par la main en ſoy
offrant à le ſervir de tout ſon pouvoir : Gerard l'en remercia moult , puis luy diſt le Comte d'Alloz : Or eſt l'heure & le temps venu
que plus devez deſirer , c'eſt de ce que ſi à point
eſtes venu , que à vous ne tient , fors de vous
venger de celuy par qui vous avez eſté desherité ; maintenant eſt en vous d'entreprendre
vengence , voſtre force & proueſſe ne priſe en
riens , ſe maintenant ne le monſtrez : & quant
eſt à moy , pour vous ſervir ſuis preſt de ha-
bandonner corps , biens & toute (*b*) ma Chevalerie. Alors Gerard moult courtoiſement remercia le Comte & luy diſt : Sire , du grant
ſervice que me offrez faire vous remercie , &
me doint (*a*) Dieu tant vivre que je le vous

---

(*a*) *Meſtier nous eſt* , nous en avons beſoin.

(*b*) *Suis preſt de l'abandonner* C'eſt à dire , je ſuis
prêt de riſquer mon corps , mes biens & tous les Chevaliers qui dependent ou relevent de ma Comté d'Aloſt.

(*c*) *Me doint Dieu* , que Dieu me faſſe la grace.

puiffe rendre. J'ay efperance par le moyen de
fon aide, que la peine & le traveil que à fa
(*a*) caufe & par fa defloyalle trahifon que j'ay
fouffert, auray vengence de luy ou je mour-
ray en la peine; moult me tarde l'avoir trouvé. Alors encommencerent à parler de plufieurs autres chofes. Le foupper fut preft, fi
s'affirent le Duc & tous les Barons : la joye
fut moult grande par leans ; chafcun s'alloit
devifant du tournoy advenir, pou (*b*) en y
avoit qui ne defiraft y eftre. Après foupper fe
leverent : quant l'heure vint il s'allerent coucher & repofer ; mais celle nuyct Gerard ne
dormit gueres pour le grant penfement & defir qu'il avoit de foy trouver au tournoy.
Quant le jour vint tous fe leverent par leans,
Duc, Comtes, Barons & Chevaliers leur
fait avoient tout apprefté, & mys bagues à
(*c*) point pour eulx partir. Les chevaulx furent tirez hors des eftables. Ung moult riche
palleffroy amblant le Duc fit amener, fur quoy
la belle Euriant monta avec grant compaignie
de Dames & Damoifelles qui l'accompaigne-
rent. Chafcun monta fur fon deftrier : le har-
noys (*d*) & bagues fus chariotz furent mys,
devant s'en allerent, puis fe partirent tous

(*a*) *A fa caufe*, à caufe de Liziart.
(*b*) *Pou en y avoit*, il y avoit peu de ces Barons.
(*c*) *Et mis bagues à point*, & mis leurs bagages
en état.
(*b*) *Harnois*, boucliers, efcus.                    *Borel.*

enfemble de la ville de Mex ; fi chevaucherent tant enfemble qu'ilz vindrent au gifte à
Bar-le-Duc, où ilz furent du Comte moult
richement reçeuz, lequel eftoit affez adverty
des grans peines & travaulx que Gerard de
Nevers & fa mye Euriant avoient fouffert par
la grant maulvaiftie & trahifon de Liziart le
Comte de Foreft. Le Comte de Bar-le-Duc
vint vers Gerard, fi le print par la main, fi
luy dift que de fa venue eftoit moult joyeulx,
& que encore eftoit heure fe jamais le vouloit
faire, de foy venger de celuy par qui il avoit
tant de maulx fouffert. Sire, ce dift Gerard,
Dieu m'en doint le pouvoir, car j'ay voulenté
de ce faire. Celle nuyt furent moult bien fef-
toyez du Comte : puis quant ce vint le matin leur (*a*) eftoire fut appreftée, fi s'en partirent. Ilz traverferent la Champaigne, en
eulx tant exploictant, que à ung foir ilz arriverent à Moret en Gaftinois : puis quant là
furent venuz, ilz trouverent affez de Chevaliers qui alloient au tournoy ; ilz coucherent
là celle nuyt jufques ce vint le matin qu'ilz fe
leverent & mifrent en point pour partir, &
envoyerent leurs fourriers devant à Montargis pour eftre logez, où ilz trouverent la
ville moult pleine : car tant de gens y avoit,

(*a*) *Leur eftoire fut appreftée. Vigenere* prend ce mot
pour des vivres & autres chofes neceffaires. *Il y avoit*
*navire & eftoir* : il y avoit navire & autres chofes ne-
ceffitées.

que la ville & les faulxbours , mefmement les
jardins en eftoient tous pleins. Mais par l'ordonnance du Roy logis leur fut delivré pour
le Duc de Mex & ceulx de fa compaignie :
oncques de Gerard (*a*) ne voulurent faire mention pour ce qu'il leur eftoit deffendu. Après
ce que les fourriers furent arrivez à Montargis , le Duc de Mex , Gerard enfemble & leur
compaignie ordonnerent que Euriant demou-
raft là , jufques à ce que par Gerard fuft mandée. Puis fe partirent de la ville , & ne fine-
rent de chevaucher jufques à ce qu'ilz vindrent à Montargis , où ilz entrerent moult
grant compaignie de Barons & de Chevaliers.
Le Duc & Gerard alloient chevauchant enfemble ; le Comte de Bar & le Comte d'Alloz
après , puis les autres Barons & Chevaliers felon leurs (*b*) degrez : tant cheminerent par la
ville qu'ilz vindrent defcendre en leur hoftel.
Affez toft après qu'ilz furent defcendus &
mys (*c*) à point , ilz s'affirent au difner. Quant
ilz eurent difné ilz fe leverent de table ; l'heure vint que les monftres fe firent , & furent
cent Chevaliers tous d'une compaignie. Gerard eftoit au milieu d'eulx , que oncques par
homme ne fut recongneu de ceulx qui furent

(*a*) *Oncques de Gerard ne voulurent faire mention.*
C'eft à dire , les Officiers du Duc de Mex ne parlerent
point de Gerard qui vouloit être *incognitò*

(*b*) *Degré* , rang.

(*c*) *Mis à point* , en état de paroiftre.

*Tome II.* G

aulx (*a*) monstres. Tant d'ung costé que d'autre ne vous vueille faire long compte, afin d'abreger la matiere.

(*a*) *Monstres*, reveuës.

***

## CHAPITRE XX.

### *Comment Gerard de Nevers vainquit le* (a) *tournoy à Montargis.*

QUant les monstres furent faictes en la prairie où le Roy estoit monté sur les eschaffaulx, où estoit la Royne de France noblement accompaignée de plusieurs Duchesses, Comtesses, Baronnesses & grant foison de Dames & Damoiselles. Après les monstres faictes chascun s'en retourna en son hostel, si allerent soupper; & quant ilz eurent souppé, s'en allerent coucher & reposer jusques à ce que vint le lendemain qu'ilz se leverent : ilz allerent au Monstier ouyr le Service divin, puis retournerent en leur hostel, leurs besongnes mirent à point, chascun d'eulx prist la souppe en vin. Après ouyrent Heraulx qui alloient criant (*b*) aval les rues, que chascun se mist à point pour venir au tournoy, & que

(*a*) *Vainquit le Tournois*, gagna le prix du Tournois.

(*b*) *Aval les rues*, dans toutes les rues.

le Roy & les Dames eſtoient ja ſur les eſchaf-
faulx montez. Quant les Chevaliers entendirent les crys des Heraulx , alors on euſt veu
tirer les deſtriers hors des eſtables pour les en-
ſeller & mettre à point. Et puis trompettes
& meneſtriers , cors, tambours & (*a*) buſines encommencerent de mener ſi grant bruit
& tant grant (*b*) noiſe, que à les ouyr ſembloit choſe eſpouventable ; mais les bons cou-
raiges des vaillansChevaliers s'en esjouiſſoient.
Gerard & ſa compaignie afin d'eſtre deſcon-
gneus furent couvers & houſſez de blanc :
ilz monterent ſur leurs deſtriers , chaſcun
l'eſcu au col , la lance au poing ; puis deux &
deux ſe mirent à chemin & yſſirent hors de
la ville. Au paſſer qu'ilz firent , furent moult
regardez ; mais oncques par nul homme né
furent recongneuz , fors tant (*c*) que bien ſçavoient qu'ilz eſtoient au Duc de Mex. Quant
hors de la ville furent yſſuz & qu'ilz vindrent à la prairie , au paſſer qu'ilz firent devant les (*d*) hours ſaluerent le Roy & les Da-

(*a*) *Buſines* eſpece de haurbois ou trompette. Il vient
du Latin *buccina* , formé de *bucca* & de *cano.*
    *Et quant le ſeptiéme Ange commença à buſiner.*
                            *Bible hiſtoriaux.*
    (*b*) *Noiſe.* Ce mot eſt ſouvent pris dans les anciens
Romans en bonne part , il ſignifie ici un bruit agréable.
    *Et Jonglor y font grant noiſe.*
                            *Bible hiſtoriaux.*
    (*c*) *Fort tant que* , ſinon que.
    (*d*) *Les hours* ,balcons, eſchaffaux.

mes. Quant oultre furent paſſez, le Roy s'eſ-
merveilla moult quelz gens ſe povoient eſtre,
car à les veoir ſembloient Angelez (*a*) empennez. Alors paſſa le Comte de Montfort en ſa
compaignie, & en ſa route eſtoit le Comte
de Bourgongne, le Comte de Rouſſy, le
Comte de Pontieu, le Comte de ſainct Pol,
le Seigneur de Garlande, le Seigneur des Bat-
res & pluſieurs autres Chevaliers de leur route:
chaſcun le heaulme laſſé, la lance ſur la cuiſſe,
paſſerent devant les hours en moult belle ordonnance. Quant oultre furent paſſez, ilz ſe
miſrent en (*b*) conroy. Gerard veant le Comte de Montfort au pluſtoſt qu'il peut ſe vint
joindre avec luy, ainſi comme à ung traict
d'arc tenant ſa route (*c*) à part luy. D'autre
part vint Liziart le Comte de Foreſt atout
moult grande Chevalerie; le Seigneur de Bour-
bon y fut, le Seigneur de Chaalons, le Comte
d'Auvergne, le Comte de Sancerre, le Chaſtellain d'Izodun, le Chaſtellain de Grantpré,
moult grant compaignie de Barons & de Chevaliers furent enſemble, chaſcun deſirant en
ſoy loz & pris acquerre. Quant oultre les
hours furent paſſez, ilz s'en rengerent & mirent en ordonnance, preſtz pour encommen-

(*a*) *Angelez empennez*, beaux comme de petits An-
ges avec leurs aîles.

(*b*) *Conroy*, ordre.                         *Froiſſard*

(*c*) *Tenant ſa route à part luy*, marchant ſeparé-
ment avec ſa compagnie.

er le tournoy. Alors Heraulx publierent de
par le Roy , à ſon de trompe , que chaſcun
laiſſaſt aller. Alors les deux parties s'appreſ-
terent pour le tournoy encommencer. Et
adonc Liziart le Comte de Foreſt , chief de
l'une des parties , priſt ſa lance ou poing pour
encommencer la jouſte : là y vint un Herault
qui commença à crier qui vouldra la jouſte ,
ſi viengne (*a*) à celuy ; mais je cuide que à
l'encontre de luy n'y aura nul qui l'oſe attendre , ne à l'encontre de luy venir. Le
Comte de Montfort veant l'homme ou monde
que plus il hayoit , miſt l'eſcu avant & ſaiſiſt
une lance moult forte & roide , deſirant de
[*b*] aſſembler ſur luy : mais Gerard qui moult
eſtoit duit & preſt ou fait des armes s'avança
en traverſant devant luy tant que ceſte jouxe-
te luy [*c*] embla moult courtoiſement ; il
baiſſa ſa lance & vint [*d*] à conſuivir Liziart
autant que cheval peut courre : & Liziart
contre luy vint courir ſus, ſi s'aconſuivirent
par ſi grant force que à les veoir venir ſembloit venir une foudre. Si fort s'entreferirent & de ſi grans coup que la lance Liziart

(*a*) *Si viengne à celuy*, vienne combattre contre
Liziart.

(*b*) *Deſirant de aſſembler ſur luy.* C'eſt à dire ,
de ſe joindre à luy.

(*c*) *Ceſte jouxte luy embla moult courtoiſement.*
C'eſt à dire, lui deroba adroitement l'honneur de cette
jouſte.

(*d*) *Conſuivir* , atteindre.

luy froiſſa juſques es poings : celle de Gerard
fut fort & roide , ſi aconſuivit le Comte de
Foreſt audeſſus de l'eſcu par deſſoubz le heaulme , par telle force & puiſſance , que le cheval & maiſtre abatit par terre , ſi cria tout
en hault au fournir (*a*) ſon poindre : Ce premier coup ſoit pour l'amour de ma mye Euriant , cuidant que nul ne l'euſt entendu. Alors
le [*b*] tournoyement commença , maint Chevaliers y eut abatus , dont les chevaulx cou-
roient par la prarie trainans leurs renes. Là y
eut mainte banniere abatue par terre , moult
fort ſe ſont entrebatuz des troncons de lances & d'eſpées. Au plus eſpais du tournoy
Gerard ſe (*c*) ferit en abatant chevaulx &
Chevaliers ; là où il veoit la plus grant preſſe
il ſe bouttoit ou milieu d'eulx , ne jamais il
ne s'en partoit que toute ne l'euſt eſclarcie :
il frappoit à dextre & à ſenextre ; quant près
d'eulx ſe trouvoit & que il n'avoit eſpace de
les ferir , il leur detorchoit , (*d*) eſraſaſoit les
heaumes hors des teſtes , il abbatoit & con-
fondoit tous ceulx qu'il alloit rencontrant ,

(*a*) *Au founir ſon poindre* , en fourniſſant ſa carriere.

(*b*) *Le tournoyement* , le tournois.
　　*Sans moy remuer de ma place.*
　　*Regarday le Tournoyement.*

Rom. de la Roſe.

(*c*) *Se ferit , ſe fourra.*
(*d*) *Deſtorchoit , eſraſaſoit.* Il y a apparence que
que cela veut dire , leur enlevoit & arrachoit.

pourtant *(a)* que à plein coup les peuft at-
tajndre. Le Roy & tous les Barons s'efmer-
veilloient de le veoir pour les grandes prouef-
fes qu'ilz luy veoient faire : affez demanderent & enquirent qui il eftoit , mais oncques
nul homme n'en fçeut parler. Seigneurs , ce
dift le Roy , affez eft apparent que devant
tous autres il aura le prix & l'honneur, car aujourd'huy il n'avoit veu Chevalier qui tort
luy en *(b)* deuft faire : ores regardez comment
il depart *(c)* les grants preffes , voyez-le treftourner *(d)* & confondre ceulx qu'il rencon-
tre ; fouvent le voy courre & racourre pour
aider & fecourir fa [*e*] partie. Ainfi comme
vous oyez , s'alloit le Roy devifant des prouef-
fes & vaillances que adonc fift Gerard de Nevers , mais pas ne fçavoit fon nom. Sachez
qu'il n'y avoit celuy qui n'euft fçeu voulentiers
fon nom. La nuyt vint , le jour fe paffa , chafcun fe retira pour ce jour. Lors le Roy & les
Barons convoyerent Gerard jufques en fon
logis.

(*a*) *Pourtant que* , pour peu que.
(*b*) *Qui tort luy en duft faire* , qui pût l'en empêcher.
(*c*) *Depart les grandes preffes* , fe fait faire place.
(*d*) *Treftourner* , renverfer.

*Vit cheoir Berengier ,*
*La felle treftourner & fuyr le deftrier.*
*Rom. d'Aye d'Avignon.*

(*e*) *Sa partie* , fon party.

G iiij

# CHAPITRE XXI.

### *Comment le Roy & les Barons renvoyerent Gerard de Nevers jusques en son hostel.*

GErard de Nevers estoit au tournoy, où auquel faisoit de (*a*) ses vouloirs. Le Comte de Montfort & ceulx de sa partie le alloient de moult près suyvant ; car devant eulx il faisoit voye. Tous desiroient sçavoir son nom ne qui il estoit, affin d'avoir son acointance. Gerard l'espée ou poing regarda sur dextre, & choisit le Comte d'Auverge atout [*b*] sa route & le Seigneur de Garlande, qui s'estoient feruz [*c*] en la bataille du Comte de Montfort ; alors Gerard tourna celle part. Quant venir le veoient il n'y avoit celuy qui voye ne luy fist ; la pluspart d'eulx le regardoient tant d'ung costé que d'autre pour les merveilles qu'ilz luy veoient faire : Heraulx, Escuyers & garsons alloient crians après luy en regardant vers les [*d*] hours : Mesdames &

(*a*) *Ou auquel faisoit de ses vouloirs*, il venoit à bout de tout ce qu'il vouloit.

(*b*) *Atout sa routte*, dans toute sa compagnie. Voyez la notte 7. du Chap. 16.

(*c*) *Feruz en la bataille*, entrez dans la compagnie ou dans la quadrille.

(*d*) *Hours*, balcons, eschaffaux.

Damoiselles, devant vous povez [*a*] choisir le
miroer des Dames, fleur de Chevalerie, à
qui nul n'est à comparer ; regardez que tous
le fuyent. Ainsi allerent tout le jour criant
après luy. Tant y fit Gerard par sa haulte
prouesse, que Liziart & toute sa route furent chassez hors du champ, dont le Comte
de Montfort eut grant joye. Maint Chevalier tomba par terre, dont les destriers s'en
alloient fuyans parmy les champs traynans
leurs resnes. La nuyt vint qui les fit departir.
Gerard y print huit prisonniers des plus souffisans de la route ; mais mieulx aimast avoir
prins Liziart qu'il n'eust toute la compaignie : car tant en estoit courroucé, ce qu'il
ne l'eut peu avoir, qu'il en cuidoit vif enrager. Pour le jour Gerard eut le pris, le tournoy fut [*b*] departy, chascun s'en alla en son
hostel ; mais sachez que Gerard ne s'en alla
pas seul, car le Roy & les Barons le convoyerent jusques en son hostel ; Heraulx Menes-
triers alloient jouans de leurs [*c*] mestiers.
Quant à son hostel fut venu le Roy s'en departit & chargea au Seigneur de Roye que
vers Gerard retournast, pour luy dire & prier
que de la ville ne se voulsist departir devant
ce qu'il l'eust veu & parlé à luy, car moult
desiroit son acointance : & dit au Duc de

(*a*) *Choisir*, voir.
(*b*) *Desparty*, fini, separé.
(*c*) *Mestiers*, instrumens de leurs professions.

Mex , que dit luy avoit esté que avec luy &
en sa compaignie estoit venu. Sire , ce dit le
Duc , verité est que en chemin l'avoye ren-
contré , & si cuide sçavoir que quant l'aurez
veu , assez le congnoistrez. A tant le Duc prist
congié du Roy & vint descendre en l'hostel
de Gerard , où il trouva le Seigneur de Roye
qui disoit à Gerard que au Roy venist parler
le matin , non devant , pour ce que bien sçavoit qu'il estoit pour lors fort travaillé. Il luy
respondit que son commandement feroit de
bon cueur : le Seigneur de Roye pria au soupper & la pluspart de la Chevalerie ; il tint
moult grant Cour [*a*] planiere celle nuyt , sans
ce que homme le sçeust recongnoistre. D'autre part , de luy n'alloient que parlant de sa
beaulté, de sa grande humilité. Après ce qu'ilz
eurent souppé chascun retourna en son logis.
Quant le Seigneur de Roye vint à la Cour il
racompta au Roy & dit ce qu'il avoit veu ,
dont le Roy & les Barons furent plus que devant esmerveillez. Le Roy luy demanda se
point l'avoit ouy nommer : il luy respondit
que non ; mais bien veoit à l'honneur que luy
faisoient le Duc de Mex & le Comte de Montfort , & aussi le Comte d'Alloz , qu'il convenoit qu'il fust de hault affaire. Ainsi comme
vous oyez , le Seigneur de Roye fit son rap-

(*a*) *Cour planiere* : Voyez la premiere notte du Chapitre 1. c'est à dire , fit un grand festin une grande
feste.

port au Roy. Après ce que Gerard vit chafcun eftre departy de fon hoftel il envoya qué-
rir Euriant fa mye, affin que le matin fuft vers
luy. D'autrepart Liziart le Comte de Foreft
eftoit en fon logis dolant & trifte de ce que
ainfi avoit efté [a] rebouté & la plufpart de
fes gens prins, & tout par la grant proueffe
d'ung feul Chevalier que il defiroit moult à
congnoiftre. Se bien euft fçeu que là deuft
eftre venu Gerard, pour tout l'or du monde
ne s'y fuft trouvé. Gerard eftoit en fon hoftel,
où il avoit grant joye & très-defirant que le
jour fuft venu. L'heure vint fi alla coucher,
mais gueres ne dormit celle nuyt pour les
grans penfemens en quoy il eftoit. Quant il
vit l'aube du jour, il fe leva & alla ouyr la
Meffe ; au revenir qu'il fift en fon hoftel
trouva fa mye Euriant ; tantoft accourut &
l'émbraffa, & baifa devant tous ceulx qui
là eftoient. Eulx deux enfemble entrerent en
leur hoftel ; le Duc de Mex, le Comte de
Montfort & les autres Barons trouverent qui
ja eftoient venuz. La belle Euriant veant fon
oncle le Comte de Montfort elle fut moult
joyeufe, humblement fe mift à genoulx devant luy : le Comte moult haftivement la prift
à relever, fi la prift entre fes bras & la baifa
plus de cent fois, en luy demandant comment elle [b] avoit fait depuis qu'il ne l'avoit

(a) *Rebouté*, repouffé.
[b] *Elle avoit fait*, elle s'étoit portée.

veue , & que estoit devenu Gerard son amy ?
Sire , ce dit Euriant , veez-le là auprès de
vous. Alors Gerard le courut embrasser & firent grandes recongnoissances. Le Comte
plouroit de pitié & de joye quant il l'ouyt
racompter les peines , perilz & travaulx où
ilz avoient esté depuis qu'il ne les avoit veu :
moult grant joye fut faicte entre eulx. Alors
parla Gerard à eulx tous ensemble , en leur
priant que jusques à la Cour le voulsissent accompaigner : car son intention si estoit devant le Roy & ses Barons appeller en champ
[a] mortel Liziart le Comte de Forest pour
la granr trahison qu'il luy avoit faicte. Alors
ilz luy respondirent tous que de corps & d'a-
voir [b] le serviroient tant qu'il [c] rauroit sa
Terre. Gerard les en remercia moult. Les
chevaulx furent tirez hors des estables , puis
si monterent dessus : pas n'oublierent Euriant;
ou milieu d'eulx la menerent jusques en la
Cour ; moult grandement furent accompai-
gniez des Chevaliers & des Barons.

[a] *En champ mortel* , en combat à outrance , jusqu'à ce que l'un des deux fût tué.
[b] *D'avoir* , de leurs biens.
[c] *Tant qu'il rauroit* , jusqu'à ce qu'il eût re-
couvré.

# CHAPITRE XXII.

*Comment Gerard de Nevers vint à la Cour, &*
*comment il appella Liziart en champ*
*& getta son gaige.*

QUant à la Cour furent venuz ilz descen-
dirent : Gerard print sa mye Euriant
par la main, son oncle le Comte de Montfort
l'autre ; le Duc de Mex & le Comte d'Aloz
les alloient suivant. A ceste heure le Roy estoit
aux fenestres de la grant salle de Montargis :
il (*a*) choisit Gerard & les autres Barons venir vers luy, si demanda au Seigneur de Roye,
qui estoient ceulx qu'il veoit là venir. Sire,
dit-il, c'est le Chevalier qui vainquit hier le
tournoy. Par ma foy, dit le Roy, advis m'est
que c'est le Damoisel de Nevers & sa mye qu'il
tient par la main, à qui Liziart fit si grant
ennuy. Alors il n'y eut celuy qui ne le re-
congneust : le Roy pour le mieulx congnoistre le print moult fort à regarder, puis
dit à ses Barons: Je croy que par luy orrons
telles nouvelles que à Liziart ne seront
plaisantes à ouyr. Alors Gerard entra en la
Cour amont ; peu y eut avecques le Roy, qui
devant de luy ne venissent : Gerard sachant
tous honneurs mondains autant que homme

[*a*] *Choisit*, vit.

de son aage se mist à ung genouil en saluant le
Roy tous ses Barons à ceste heure estans là
presens. Le Roy, dont il estoit moult aimé, en
l'embrassant luy dit : Gerard de vostre venue
avons grant joye, mais nous vous prions que
dire nous vueillez durant le temps que avez
esté dehors les adventures qui vous sont advenues, & en quel lieu depuis avez esté. Alors
il n'y eut Baron ne Chevalier qui ne se ap-
prochast pour le ouyr. Gerard dist au Roy :
Sire, puisque sçavoir le vous plaist, de bon
cueur suis prest de le vous dire. Alors il encommenca de racompter comment en la forest d'Orleans il combattit le grant serpent,
& de sa mye que illec seulle delaissa : après
dist comment il fut à Nevers en guise de Jongleur, la vielle au col, où il chanta devant
Liziart à son disner quelques Vers de Guillaume d'orenges ; puis après comment il alla
au feu soy chauffer, si ouyt *(a)* l'estrif & reproche de Liziart & de la vieille gondrée par
qui avoit esté ainsi trahy & sa Terre perdue,
si racompta au Roy tout au long la maniere
de la trahison & comment elle avoit esté
faicte. Et puis après luy racompta de toutes
le adventures que depuis luy estoient advenues, ainsi qu'elles sont cy-dessus contenues
en ce present livre, dont le Roy & tous les
Barons qui là estoient presens se prindrent
moult fort à esmerveiller : & quant il eut

_______________

*(a) Estrif*, querelle, débat de parolles.

tout racompté ſes adventures ainſi qu'elles luy
eſtoient advenues , alors il ſe mit à genoulx
devant le Roy & luy diſt : Sire , je vous ſup-
plie que droit me vueillez faire de Liziart le
Comte de Foreſt , pour la grant trahiſon
qu'il m'a fait comme je vous ay compté : voyez
moy cy preſt pour prouver & maintenir que
ce que vous ay mys cy avant eſt veritable :
faites mander Liziart , & ce eſt choſe que au
contraire vueille aller , voyez-moy cy preſt
pour le combattre & luy montrer de mon *(a)*
corps contre le ſien , que oncques jour de ſa
vie il n'eut part ne compaignie à ma mye Euriant que vous voyez cy preſente. Gerard ,
ce diſt le Roy , ce ainſi eſt comme vous dictes , il n'a pas bien *(b)* ouvré , ne ja bien ne
luy en viendra. Alors le Roy par deux de ſes
Chevaliers manda Liziart venir par devers
luy. Après le commandement du Roy le Seigneur de Roye & le Seigneur de Mauvy ſe
partirent & vindrent vers Liziart le Comte
de Foreſt , ſi luy dirent que ſans delay vint à
la Cour. Liziart non ſachant la venue de Gerard , accompaigné de pluſieurs Chevaliers &
Barons s'en vint à la Cour. Quant à la Cour
fut venu , il vit le Roy aſſis ſur ung faudeſteul , tenant Gerard par la main & Euriant

[a] *De mon corps contre le ſien* , en combat entre luy
& moi.

(b) *N'a pas bien ouvré* , il a fait une mauvaiſe action.

sa mye auprês de luy, dont il eut au cueur
grant douleur ; mais pour couvrir son angoisse, afin que de nulz ne fust apperçeu, salua le Roy, Gerard & tous les autres Barons.
Quant Gerard vit celuy-cy par qui il avoit
esté chassé & desherité se leva en piedz, & en
parlant au Roy moult saigement se mist à genoulx en disant : Sire, assez tiens en vostre
noble memoire, que estes bien *(a)* recors, &
aussi les Barons qui icy sont presens, que Liziart ung temps *(b)* qui passa fist un pache,
que ou cas que de ma mye Euriant ne fist son
plaisir & voulenté, toute sa Terre de Forest
& Beaujolois seroit à moy : & se ainsi advenoit que audessus en venist pour sa voulenté
faire, pareillement il devoit avoir toute ma
Comté de Nevers pour en jouir & posseder
paisiblement. Et pour ce il alla à Nevers &
trouva les manieres par une faulse vieille de
*(c)* put affaire, qui fit tant pour luy, qu'elle
luy monstra une certaine enseigne qu'elle avoit
sur sa dextre mamelle, laquelle nul homme
ne femme n'avoient jamais veu, fors elle &
moy. Quant il fut retourné devant vous, il
dit que de ma mye Euriant avoit du tout sa
voulenté faicte & accomplie, aux enseignes

(a) *Estes bien recors*, vous vous ressouvenez bien.

(b) *Un temps qui passa*, il y a quelque temps que
Liziart convint.

[c] *De put affaire*, de mauvais renom, de mauvaise
conduite.

qu'il

qu'il difoit avoir veues. Verité eft que les
(*a*) enfeignes eftoient telles, mais du fait principal (*b*) il mentoit tout à plain , & men-
tira toutes & quantesfois quant il le vouldra dire : car à luy-mefme & à la faulfe vieille
gondrée ay ouy dire le contraire à Nevers ,
quant je chantay devant luy. Se il eft mal advifé de vouloir dire le contraire, j'offre mon
corps contre le fien pour le combattre; & ou
quel cas que cefte chofe ne luy faffe congnoiftre , je fuis content que le chief me faictes
trencher, & ma Terre luy demeure. Quant
Liziart entendit Gerard de Nevers parler ,
il eut au cueur grant yre , non pourtant le
(*c*) mains de femblant qu'il peuft en fit , &
dit au Roy : Sire, jamais de cefte chofe ne le
croyez , car affez povez fçavoir : (*d*) puifque
ung homme a perdu fa Terre & fa mye, qu'il
aime (*e*) bien du corps mettre à l'adventure
pour tout recouvrer , & luy (*f*) chault bien
peu. Nonobftant ce peu y peult gaigner ;

[*a*] *Les enfeignes*, les fignes.

[*b*] *Mais du fait principal il mentoit* , il mentoit en
foutenant avoir obtenu des faveurs criminelles d'Euriant.

[*c*] *Le mains* , le moindre.

[*d*] *Puifque* , lorfque.

[*e*] *Qu'il aime bien du corps mettre à l'adventure* ,
qu'il rifque volontiers fa vie.

[*f*] *Et luy chault bien peu* : fait peu de cas de ce
qu'il rifque , puifque le peu qu'il rifque peut le retablir.

mieulx luy vouldroit aller en exil ou autre
part pour sa folie oublier & celer sa honte,
que d'avoir (*a*) ramentu la chose dont il se
devoit taire. Ainsi comme vous oyez, parloit
Liziart, & dist (*b*) depuis par grant fierté
en soy tournant vers le Roy : Sire, je vueille
que [*c*] ardoire me faciez dedens ung feu
d'espines ou mourir par grans tormens, ou
cas que avant le vespre venu ne le vous rens
recreant [*d*] & matte.


[*a*] *D'avoir ramentu*, d'avoir rappellé en memoire.

[*b*] *Depuis*, ensuite.

[*c*] *Ardoir*, brusler.

[*d*] *Recreant & matte.* Il faut lire recrant, vieux
mot Picard qui signifie *las*, *vaincu*, *oultré*, d'où est
venu le mot recru ; & matte veut dire abattu. Il vient
du mot Hebreu *mat*, c'est à dire, *mort*, d'où vient le
mot Espagnol *mattare*.

# CHAPITRE XVIII.

*Comment Gerard de Nevers desconfit Liziart le Comte de Forest & luy fit connoistre & [a] gehir la trahison qu'il avoit commis à l'encontre de Gerard & de Euriant sa mye, dont il fut traisné & pendu.*

QUant Gerard entendit Liziart, il passa de grant avant & prit le pan de sa robbe [b] si le presenta au Roy. Liziart ce veant accepta le gaige. Alors le Roy le voulut [c] deporter, & les contraignit tous de bailler hostaiges. [d] Alors jour fut prins de livrer iceulx; il n'y eut celuy d'eulx deux qui assez n'en trouvast: & fut le jour de la bataille prins au jour ensuivant, dont pour les veoir ilz vindrent maint Duc, Comte, Baron & Chevalier. Quant le jour fut venu, ayant

[a] *Gehir*, faire avouer par force.
*Ses deux pols puis les cognent*
*moult angoiseusement pour li faire gehir.*
　　　　　　　　　　　　Rom. de Pepin.

[b] *Le pan de sa robbe presenta au Roy*, presenta le pan de sa robbe pour gage du combat.

[c] *Le voulut deporter*, le voulut detourner de se battre.

[d] *Hostaiges.* C'est à dire, des pleiges ou des personnes qui répondissent pour les Champions. Voyez la notte 9. du Chap. 2.

H iij

chascun baillé son plege , & les lices [a] faictes & ordonnées , les parens & amys des parties amenerent leurs Champions devant le
Roy , affin de leurs plegeries estre delivrez.
Le Roy les commanda à faire armer , si furent menez en la prairie , chascun monté sur
le destrier. Tous deux le Roy les fit venir devant luy pour sçavoir se aucunement les pourroit accorder , mais oncques le Roy ne tous
les Barons n'en peurent (b) à chief venir. Là
estoit le Duc de Bourgogne , qui dit (c) tout
en haut que l'Arrest fait (d) de par le Roy
& tous les Barons n'estoit raisonnable ne juste,
& dist : Seigneurs , vous oyez que Gerard
(e) l'appelle de trahison , ja à Dieu ne plaise
que je soye en lieu où trahison soit (f) couverte , il le convient esclaircir ; car l'Ecriture
nous tesmoigne que l'homme qui est empes-
ché de trahison , est entaché du plus vilain
peché du monde ; si me semble grant folie à
les vouloir (g) destourber à combattre. Se ainsi
estoit que maintenant l'accord se fist , & que
à Gerard sa Terre luy fust rendue , pourtant

[a] *Les lices faictes & ordonnées* , le terrain où devoit se faire le combat ayant été marqué & reglé.

[b] *A chief venir* , en venir à bout.

[c] *Tout en haut* , tout haut.

(d) *L'arrest fait de par le Roy* , ce que le Roi avoit
fait pour empêcher le combat.

(e) *L'appelle* , l'accuse.

(f) *Couverte* , cachée.

(g) *Destourber* , detourner.

ne demouroit *(a)* pas que la renommée dont
Euriant a esté *(b)* encoulpée à tort & sans
cause fust du tout *(c)* adnichilée, que tousjours contre son honneur on ne parlast. &
pour ce je conseille, tant pour l'ung comme
pour l'autre, que eulx deuz les laissiez combattre. Après ce que le Comte de Bourgongne
eut sa raison finée, le Roy se leva en piedz &
dit que ja ne les deportera, & que le Comte
de Bourgongne avoit saigement & loyaulment
parlé. Alors le Roy fit apporter les sainctes
*(d)* Reliques, sur quoy les deulx Vassaulx jurerent : Gerard fut le premier qui jura, & Liziart après. Puis quant ilz eurent tous deux
juré, ilz monterent sur les destriers moult richement armez & couvertz. Ilz vindrent au
champ, chascun sa lance ou poing sans mot
parler, s'eslongnerent l'ung de l'autre pour
mieulx prendre leur course : puis baisserent
les lances & laisserent courre les destriers & se
attaignirent par telle fierté des lances, qu'elles

*(a) Pourtant ne demeureroit pas &c.* il ne s'ensui-
vroit pas que la mauvaise renommée

*(b) Encoulpée*, entachée.

*(c) Adnichilée*, detruitte, du Latin, *ad nihilum
redacta.* L'on écrivoit anciennnement *nichil & michi*,
pour *nihil & mihi.*

*(d) Les Saintes reliques.* C'étoit un ancien usage
dans les combats de cette nature : l'on apportoit les Reliques sur le champ de bataille, & l'on faisoit jurer
les Champions chacun separément qu'ils croyoient
leur cause juste, & qu'ilz ne se serviroient d'armes ca-
chées ni défendues, ni de sortilege.

rompirent par pieces & par esclatz ; si fort
s'entreheurterent ensemble, que tous deux
se porterent hors des selles, en telle maniere
que tous deux furent si estourdis, que
longue espace de temps furent gisans par
terre, que on ne sçavoit se mortz ou vifz
estoient. Quant à eux furent revenuz ilz saillirent sur piedz, chascun l'espée ou poing,
l'escu *(a)* avant mys ; si se vindrent entreferir
par telle fierté que oncques heaulme ne escu
ne leur demoura entier, que tout ne fust rompu & cassé. Le sang qui de leur corps yssoit,
leur alloit coulant jusques à l'esperon par telle
habondance, que l'herbe sur quoy ilz mar-
choient en fut toute taincte en vermeil. Tant
se combattirent ensemble que nul n'estoit qui
osast juger ne dire lequel en avoit le meilleur :
tous deux à leur pouvoir s'efforçoient de l'ung
ou l'autre mettre à mort. Liziart leva l'espée
contremont si assena Gerard sur son heaulme
ung coup si merveilleux, que se Gerard n'eust
gauchy ung peu, il fust mort sans nul recouvrer *(b)* ; car le coup fut si très-grant & horrible, que le riche cercle d'or *(c)* garny de
moultes belles & riches pierreries fut departy
& decouppé en deux parties ; & au descendre
qu'il fit, abbatit à Gerard ung quartier de
son escu. Alors Liziart se recula ung peu ar-

<hr>

(*a*) *L'escu avant mis*, se couvrent de l'escu.
(*c*) *Sans nul recouvrer*, sans nulle ressource.
(*b*) *Le cercle d'or*, le cercle de son casque.

riere & dist en ceste maniere comme par reproche: Vassal, mieulx vous *(a)* venist, vous
& vostre amye Euriant, aller par le pays querant les adventures telles que Dieu les vous
vouldra donner, que de vous combattre
avecques moy : assez pourrez trouver en al-
lant de ville en ville gens qui vous donneront
or & argent à grant *(b)* planté, affin que la
belle Euriant vostre amye, où tant avez mys
vostre cueur & vostre amour, leur prestez &
baillez pour leur plaisir & voulenté faire :
car ung tel *(c)* chaudel vous appareille, dont
la mort en recepvrez. Quant Gerard ouyt Liziart ainsi parler, ung seul mot ne luy respondit lors, il s'approcha au plus près de luy
qu'il peult en haulçant l'espée, en y mettant
& employant toute sa force, assena Liziart
sur le heaulme ung si grant coup & pesant,
que l'ung des quartiers du heaulme luy abbatit sur l'espaule, & en telle maniere que
l'une des oreilles & la joue luy abbatit jus,
& avec ce fut si estonné que le sang luy saillit par le nez ; telle peine & destresse souffrit
que vif cuida enrager. Liziart veant que impossible luy estoit eschapper de mort, soy faignant *(d)* par une cautelle & trahison, moult

(a) *Mieux vous venist*, vous eussiez mieux fait.

(b) *A grant planté*, en abondance.

(c) *Un tel chaudel vous appareille*, je vous prepare
un tel coup.    *Voyez la notte 4. du Chap. 4.*

(d) *Soy faignant par une cautelle*, usant de dissi-
mulation & par une malice noire.

humblement appella Gerard & luy dist : Noble Chevalier & rempli de toutes vertus, en qui tous biens sont comprins, je te requiers humblement mercy, & te prie que tu viengnes vers moy : si prens mon espée, & si bende mes yeulx du chief, & en après m'occis : mais avant ce je te diray ung mot après l'autre, toute la très-horrible & grande trahison & grant mauvaistie que j'ay commis vers ta personne & vers Euriant ta Dame. Par amour je te prie & quiers que haster te vueille ; car je sens en moy si grant foiblesse, que sur piedz ne me puis plus soustenir : viens près de moy si me soustiens, & puis apres tu feras appeller le Roy & tous les Barons de sa Cour, devant lesquelz je racompteray tous mes grans crismes & pechez, en leur disant la maniere & comment je me suis (*a*) meffait vers toy. Gerard de Nevers veant le faulx traistre en ce danger où qu'il estoit, pensa en luy-mesme que verité luy dist, luy qui estoit le plus courtoys & le plus pitoyable que l'en sçeust, s'approcha de Liziart, & fit tant qu'il tira hors son [*b*] drap linge & vint vers Liziart pour le mettre [*c*] à point & appareiller sa playe, si couppa une grant piece de sa che-

(*a*) *Je me suis meffait vers toy*, j'ai commis cette mauvaise action envers toy.

(*b*) *Son drap linge* C'est à dire, un morceau de sa chemise.

(*c*) *Pour le mettre à point*, pour le panser.

mise. Ainsi comme il se baissoit pour le ben-
der & lier, Liziart prist un couteau qu'il avoit
pendu à sa ceinture, moult trenchant & bien
affilé, il le haulca contremont en cuidant ferir Gerard pour l'occir : mais Gerard qui estoit
sage & subtil s'en apperçeut, il leva le bras
contremont afin de destourner le coup ; mais
oncques ne sçeut tant faire qu'il peust eschever (*a*) le coup, qu'il fust feru du cousteau ;
mais il ne l'attaint que sur le bras, & luy donna Liziart un coup si grant qu'il luy perça le
bras tout oultre. Gerard ayant sentu le coup
se tira ung peu en sus & arriere de luy, disant à Liziart par grant fierté. O faulx Liziart ! traistre & desloyal, tu as en ton
emprinse & faulse trahison meschamment
failly, laquelle tout presentement te feray (*b*)
chier comparer. Alors Gerard haulça l'espée
contremont, si aconsuivit (*c*) Liziart & le ferit sur l'une de ses espaules par telle force &
de si grande voulenté, que l'escu & le bras luy
abatit par terre. Alors le faulx traistre Liziart pour la grant douleur qu'il souffrit cheut
pasmé par terre. Quant Gerard l'apperçeut il
faillit sus luy & luy couppa le las du heaulme;
& puis il luy hosta hors de son chief, & ne

(*a*) *Eschever*, éviter.

(*b*) *Te feray chier comparer*, je te feray payer bien
cherement : du Latin *comparare*.

(*c*) *Aconsuivit Liziart & le ferit*, atteignit Liziart & le frappa.

le voulut pas occir juſques à ce que devant le
Roy & tous les Barons de ſa Cour euſt dit &
recongneu la grant trahiſon qu'il avoit faicte.
Au pluſtoſt qu'il peut en parlant bien hault
appella les gardes du champ, ſi leur dit &
pria que le Roy & toute ſa Baronnie fiſſent
illec venir pour ouyr à Liziart racompter &
dire la trahiſon que vers luy & ſa mye Euriant il avoit commis. Aucunes des gardes allerent ce dire au Roy & à tous ſes Barons.
Alors le Roy toſt & haſtivement qu'il eut ouy
ces nouvelles, accompaigné des Seigneurs de
ſa Cour vint illec. Quant Gerard le vit près ſe
leva en piedz, l'eſpée (*a*) ou poing, diſant à
Liziart que la verité de ſa tres-grande & deſloyalle trahiſon congneuſt, ou toſt & haſtivement luy trencheroit le chief. Liziart oyant
Gerard ainſi parler, ayant grant paour de la
mort, cuidant en ſoy que du Roi par les
prieres des Barons peuſt obtenir pardon &
mercy de ſon meſſait, racompta & diſt au
Roy, oyant tous les Barons de ſa Cour, toute
la maniere & comment il avoit ouvré, & de
la grant trahiſon qu'il avoit faicte en encoulpant [*b*] la vieille gondrée, par laquelle tout
le mal eſtoit advenu. Quant le Roy eut ouy la
confeſſion de Liziart le Comte de Foreſt, il
le fit delivrer ès mains du Prevoſt des Mareſ-
chaulx pour en faire juſtice : ſi en fut tray-

(*a*) *Ou*, au.
(*b*) *En encoulpant*, en chargeant du crime.

né & pendu ainſi comme bien il l'avoit deſſervy. [*a*]

(*a*) *Deſſervy*, merité.

---

## CHAPITRE XXIV. ET DERNIER.

*Comment le Roy Loys le Gros donna à Gerard*
*de Nevers la Comté de Foreſt & luy rendit*
*ſa Comté de Nevers; & auſſi de la vieille*
*gondrée qui fut arſe : & comment Gerard priſt*
*à mariage Euriant ſa mye.*

APrès la mort de Liziart le Roy prit Gerard par la main & luy dit : Dès maintenant vous rens voſtre Terre, qui à tort &
ſans cauſe vous avoit eſté oſtée; & avecques
ce vous metz en ſaiſine & poſſeſſion de la
Comté de Foreſt, laquelle je vueille que vous
teniez en Fief de moy, ainſi comme par
avant vous faiſoit Liziart. Gerard en remercia le Roy, ayant ſon heaulme oſté hors du
chief, luy fit hommage ainſi armé comme il
eſtoit. Puis s'en partit le Roy tenant Gerard
par la main, le mena juſques en ſon hoſtel,
où il deſcendit. Apres vint ou Palais moult
richemenr accompaigné de Ducz & de Comtes, où du Roy & des Barons furent reçeuz
en grant lyeſſe. Se dire & racompter vous
vouloye les grans honneurs & feſtes faictes à
Gerard & à Euriant ſa mye, trop pourroye

alonger noftre matiere. Après ce que Liziart
fut mort par le commandement du Roy, Gerard tres-haftivement refcript à fes Barons de
Nivernois que fans arrefter amenaffent avec
eulx la defloyalle vieille gondrée, pour luy
rendre le loyer qu'elle avoit defservy. Alors
le meffager fe partit de Montargis, & exploicta tant par fes journées, lefquelles par
briefveté je ne racompte, qu'il vint à Nevers, fi bailla fes Lettres aux Baillifs & Gou-
verneurs du pays de Nivernois. Quant ilz
eurent leu les Lettres & qu'ilz fçeurent le
contenu en icelles, jamais plus grant lyeffe ne
fut veue en la Cité de Nevers n'en tout le
pays de Nivernois, quant la verité fçeurent
que leur naturel Seigneur ravoit fa Terre &
fon pays quict & delivré. Toft & haftivement prindrent & faifirent la defloyalle vieille, fi la mifrent en une chartre moult obfcu-
re : apres ce efcriprent leurs Lettres aux Barons du pays des nouvelles qu'ilz avoient
eues, dont ilz furent moult joyeulx. Au pluftoft qu'ilz peurent, vindrent à Nevers le Seigneur de Marcilly, le Seigneur de Roche-
fort, le Seigneur de Chaftellus, le Seigneur
de Anefy & plufieurs autres Barons & Chevaliers en grant nombre. Quant tous furent
venuz à Nevers, ilz firent prendre & lyer la
tres-ordre [a] vieille gondrée, & mettre fur
une forte mulle bien fort lyée ; fi s'en departi-

(a) *Ordre*, fale, d'où l'on a fait ordure.

rent & cheminerent tant par leurs journées,
defquelles je ne feray long compte, qu'ilz
vindrent & arriverent ; le Roy & tous les
Barons moult humblement faluerent. Puis
apres ilz vindrent à Gerard leur Seigneur &
à leur Damoifelle Euriant, fi s'agenouillerent
tous devant Gerard, & elle les relevoit. Certes pitié eftoit de les veoir feftoyer [*a*] leur Sei.
gneur & leur Damoifelle ; la plufpart plou-
roient de joye qu'ilz avoient : affez luy demanderent & enquirent des fortunes & adventures que advenues luy eftoient. Gerard
qui moult eftoit courtois & amiable, leur racompta & dit au long ce qu'il en eftoit , ainfi
& par la maniere qu'ilz les luy eftoient advenues & que cy deffus font efcriptes en ce prefent livre. Et quant il eut tout racompté ,
alors ilz luy livrerent la tres-ordre & defloyalle vieille gondrée. Apres ce Gerard la fit delivrer au Prevoft des Marefchaulx, pour en
faire juftice felon quelle avoit defervy. Si fut
la vieille arfe & bruflée en ung grant feu :
ainfi fut payée de fa [*b*] defferte. Quant toutes ces chofes furent faictes , le Roy Loys pour
plus honneur faire à Gerard , manda querir
la Royne & toutes les Dames & Baronneffes

(*a*) *Pitié eftoit de les veoir feftoyer leur Seigneur :*
on ne pouvoit retenir fes larmes en voyant la joye
qu'ils marquoient de revoir leur Seigneur.

(*b*) *De fa defferte*, de fon crime , ou, felon fes
merites.

du pays , & fit la folemnité des nopces , tenant Cour planiere huyt jours durant : là y
eut moult grant Nobleffe. De la fefte & des
honneurs ne des metz qui y furent ne vous
vueille longuement tenir ; mais bien vous ofe
dire que long-temps auparavant la pareille fefte ne fut veuë ; de jouftes , de tournois & de
dances fut la fefte bien remplie & fervie : des
grans dons que le Roy y fit & la Royne ne
vous quiers à parler , car ilz furent fi grans
qu'il n'y eut celuy ny celles qui quans ce
vint au departir ne s'en louaft moult. Alors
y euffiez ouy crier à haulte voix , heraulx , me-
neftriers & trompettes : *Largeffe au Roy* [a]
*Loys le Gros.* Quant ce vint au neufviéme jour,
la Cour fe departit ; Gerard print congé du
Roy & de la Royne , en les remerciant des
haulx biens & honneurs qu'ilz luy avoient
fait , auffi fift la Comteffe Euriant fa femme.
Ilz fe mifrent à chemin , le Duc de Mex & le
Comte de Montfort avec eulx , qui eftoit oncle de la Comteffe Euriant. Tant chevaucherent enfemble qu'ils arriverent à Nevers , où
à grant joye furent reçeuz des Nobles & du
commun peuple. Après ce que là eurent efté
dix jours , le Duc de Mex & le Comte de
Montfort prindrent congé du Comte de Ne-

----

(a) *Largeffe au Roy Loys le Gros* : que Dieu
comble de fes graces Louis le Gros. C'eft à peu
près le *Vive le Roy* , que l'on crie aujourd'huy.

vers & de la Comtesse sa femme. Après ce
qu'ilz furent partis & chascun d'eulx revenu
en son pays, Gerard se disposa pour aller en
la Comté de Forest ; il se mit à chemin & chevaucha tant qu'il arriva en la Comté de Forest, & après ce il manda venir devers luy les
Nobles du pays, si print les hommages &
[a] feaultez des nobles hommes du pays, &
l'obéissance des peuples qu'il sçeut bien maintenir, & demenerent luy & sa femme en joye
& lyesse le reste de leur vie.

Cy finit l'Histoire de tres-noble & chevaleureux Prince Gerard, Comte de Nevers &
de Rhetel, & de la tres-vertueuse & tres-
chaste Princesse Euriant, fille du Duc de Savoye sa mye : nouvellement imprimée à Paris
le xxiii. de May M. CCCCC. XX. Pour He-
mon le Fevre demourant audit lieu en la rue
saint Jacques, à l'enseigne du Croissant, ou
au Palais au troisiéme Pillier.

[a] *Hommages & feaultez*, les fois & hommages

# F I N.

# FAUTES A CORRIGER
### Dans le premier Volume.

PAge 7. *aux nottes* , fort rigoureux , *lisez* , fort vigoureux.

Page 39. *ligne* 6. le jour fans , *lisez* , tout le jour fans boire

Page 41. *ligne* 8. hettant , *lisez* , jettant.

Page 43. *ligne* 8. je la laiflay , *lisez* , je la laiffe.

Page 43. *ligne* 21. detornant , *lisez* , detordant.

Page 46. *aux nottes* : eftre , *lisez* , efter.

Page 54. *aux nottes* : pierreçeu , *lisez* , pierrefent

Page 80. *aux nottes* : Ferragues , *lisez* , ferragus.

Page 91. *ligne* 11. Vous venu , *lisez* , vous eft venu.

Page 95. *ligne* 13. mout , *lisez* , mont.

Page 122. *ligne* 10. gent , *lisez* , geut.

Page 127. *ligne* 11. qu'il le , *lisez* , qu'elle.

Page 130. *ligne* 14. ne fuis , *lisez* , je fuis.

Page 139. *ligne* 1. chambre , *lisez* , falle.

### *Fautes à corriger dans le deuxième Volume.*

Page 19. *ligne* 16. après cryant mercy , *lisez* , au Duc Ah , ah ! Sire , ayez pitié de moy mercy.

Page 38. *aux nottes* : belle , *lisez* , telle.

Page 61. *ligne* 11. prioit , *lisez* , prifoit.

Page 65. *aux nottes* : mouvement , *lisez* , moment.

Page 96. *ligne* 8. le vit eft venu , *lisez* , quant le Duc le vit eftre venu.

## *PRIVILEGE DU ROY.*

LOUIS par la grace de Dieu Roy de France & de Navarre : A nos amez & feaux Conseillers, les Gens tenans nos Cours de Parlement, Maîtres des Requeftes ordinaires de notre Hôtel, Grand Confeil, Prevôt de Paris, Baillifs, Senechaux, leurs Lieutenans Civils, & autres nos Jufticiers qu'il appartiendra, SALUT: Notre bien amé FRANÇOIS FLAHAULT, Librai- à Paris, Nous ayant fait fupplier de lui accorder nos Lettres de permiffion pour l'impreffion d'un Ouvrage qui a pour titre : *L'Hiftoire de Gérard, Comte de Nevers, & de la Princeffe Euraim de Savoye*, offrant pour cet effet de le faire imprimer en bon papier & en beaux caracteres, fuivant la feuille imprimée & attachée pour modele fous le contre-fcel des prefentes. Nous lui avons permis & permettons par ces Prefentes, de faire imprimer ledit ouvrage ci deffus fpecifié, en un ou plufieurs volumes, conjointement, ou féparément, & autant de fois que bon lui femblera, fur papier & caracteres conformes à ladite feuille imprimée & attachée fous notredit contre-fcel, & de le vendre faire vendre & debiter par tout notre Royaume, pendant le tems de *trois années* confecutives, à compter du jour la date defdites prefentes. Faifons défenfes à tous Libraires-Imprimeurs & autres perfonnes, de quelque qualité & condition qu'elles foient, d'en introduire d'impreffion etrangere dans aucun lieu de notre obéiffance. A la charge que ces préfentes feront enregiftrées tout au long fur le Regiftre de la Communauté des Libraires & Imprimeurs de Paris, dans trois mois de la date d'icelles; que l'impreffion de ce Livre fera faite dans notre Royaume, & non ailleurs, & que l'Impetrant fe conformera en tout aux Reglemens de la Librairie, & notamment à celui du 10. Avril 1725. & qu'avant que de l'expofer en vente, le Manufcrit ou Imprimé qui aura fervi de copie à l'impreffion dudit Livre, fera remis dans le même etat où l'Approbation y aura été donnée, és mains de notre très-cher & féal Chevalier Garde des Sceaux de France, le fieur Fleuriau d'Armenonville, Commandeur de nos Ordres ; & qu'il en fera enfuite remis deux Exemplaires dans notre Bibliotheque publique, un dans celle de notre Château du Louvre, & un dans celle de notre très-cher & féal Chevalier Garde des Sceaux de France le fieur Fleuriau d'Armenonville, Commandeur de nos Ordres ; le tout à peine de nuullité des prefentes ; du contenu defquelles vous mandons & enjoignons de faire joüir l'expofant ou fes ayans caufe, pleinement & paifiblement, fans fouffrir qu'il leur foit fait aucun trouble ou empêchement: Voulons qu'à la copie defdites préfentes, qui fera imprimée tout au long au commencement ou à la fin dudit Ouvrage, foi foit ajoutée comme à

l'Original ; Commandons au premier notre Huiffier ou Sergent,
de faire pour l'exécution d'icelles , tous Actes requis & neceffaires , fans demander autre permiffion , & nonobftant clameur
de Haro, Charte Normande , & Lettres à ce contraires : CAR tel
eft notre plaifir. DONNE' à Paris le trentiéme jour du mois de
Janvier , l'An de Grace mil fept cens vingt-fept , & de notre
Regne le douziéme.

Par le Roy en fon Confeil.

FOUBERT.

*Regiftré fur le Regiftre VI. de la Chambre Royale des Libraires
& Imprimeurs de Paris, No. 616. F. 494. conformément aux an-
ciens Reglemens , confirmés par celui du 28. Février 1723. A
Paris le 8. Avril 1727.*

*Signé*, BRUNET, Syndic.

www.ingramcontent.com/pod-product-compliance
Lightning Source LLC
LaVergne TN
LVHW010940180726
843502LV00004B/1025